Mister Mango

365 IDEAS PARA DIBUJAR MANGA

DK

Fecha del primer dibujo:

....

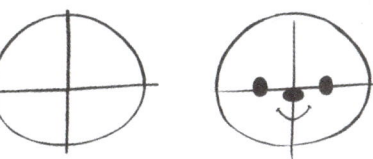   

Mascota zorro

Para dibujar una mascota, traza primero un círculo y luego divídelo con una cruz para situar los ojos, la nariz y la boca.
El zorro tiene las orejas triangulares y unos carrillos apuntados con bigotes.

Día **1**

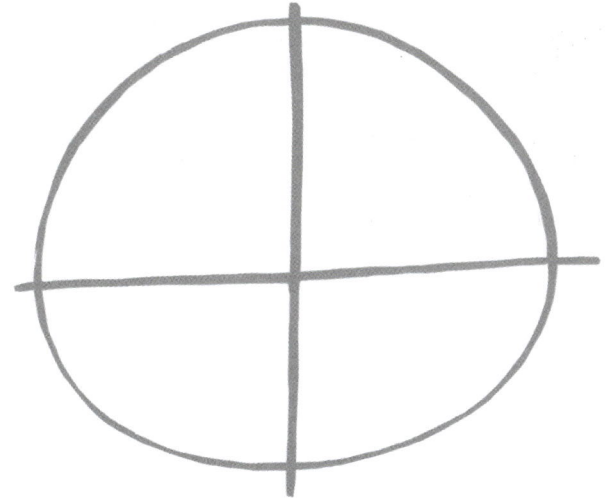

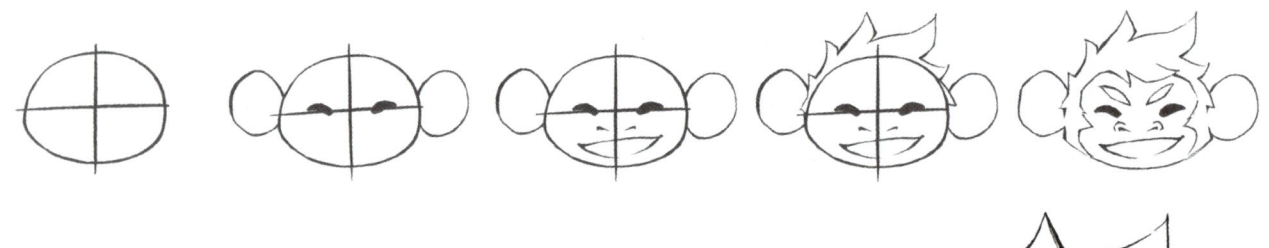

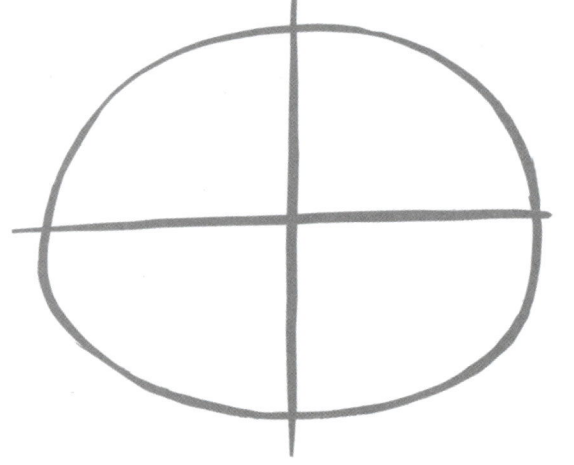

Mascota mono

En este caso, empieza también con un círculo dividido por una cruz para colocar los ojos, la nariz y la boca.
Las orejas son grandes y redondeadas y la nariz, ancha. La sonrisa traviesa le aporta una expresión pícara. Puedes añadirle pelos de punta.

Día **2**

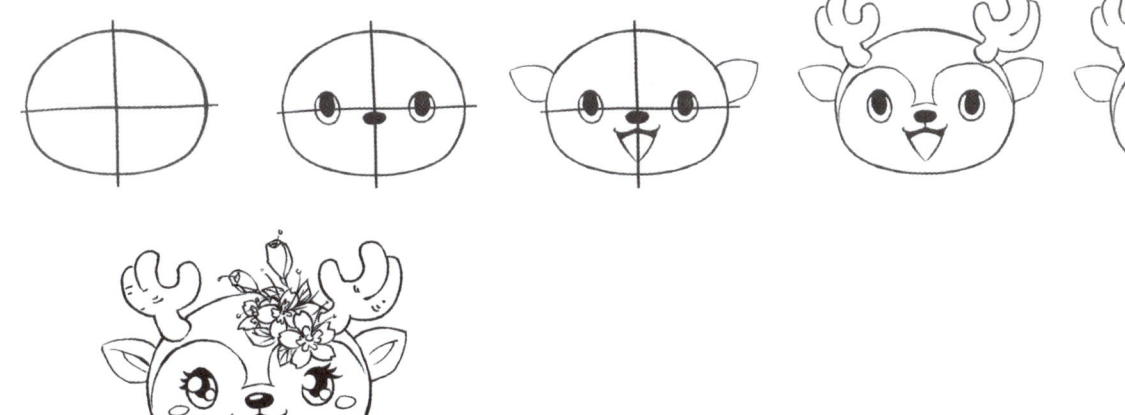

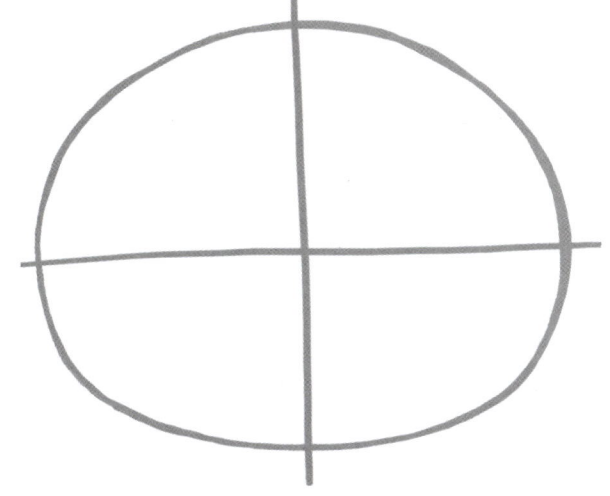

Mascota ciervo

El ciervo es LA mascota de Japón. Hay localidades como Nara y Miyajima cuya población convive con los ciervos.

El ciervo tiene astas. Para darle un aspecto *kawaii*, puedes dibujarle flores de *sakura* (cerezo japonés) a la altura de las astas y brillos en los ojos.

Día **3**

Ojos de chico

El truco está en dibujar ambos ojos de manera simultánea, paso a paso, para evitar formas asimétricas.

Día **4**

Ojos de chica

En los ojos de chica, añade pestañas y más luz en la mirada para aportarle un toque *kawaii*.

Día **5**

Ojos malvados

Los ojos malvados tienen forma triangular y apuntan hacia abajo. Las cejas aparecen fruncidas para acentuar la crueldad de la mirada.

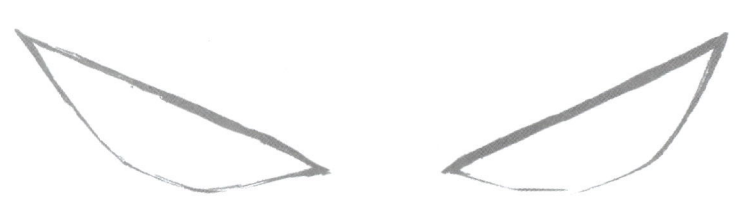

Día **6**

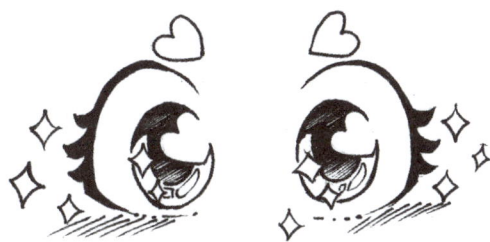

Ojos tiernos

Los ojos *kawaii* son grandes, así que dispondrás de suficiente espacio para añadir detalles, brillos y corazones. Puedes cambiar la apariencia de las cejas y darles forma acorazonada.

Día **7**

Gran sonrisa

Para dibujar una sonrisa amplia, traza un triángulo invertido y con los lados curvos.
Una línea horizontal en la parte alta representa los dientes y otra redondeada en la parte baja forma la lengua.

Día **8**

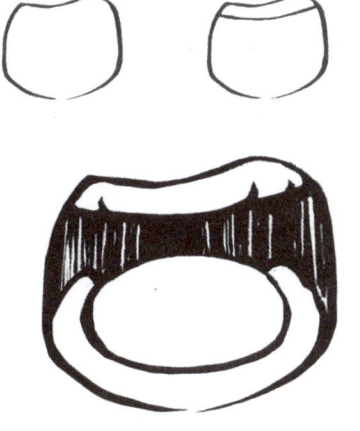

Boca enfadada

Para transmitir una emoción, ¡no dudes en exagerar las expresiones!
Para la cólera, agranda la boca, dibuja los dientes con bastante detalle y añade unos trazos verticales en la zona de la garganta.

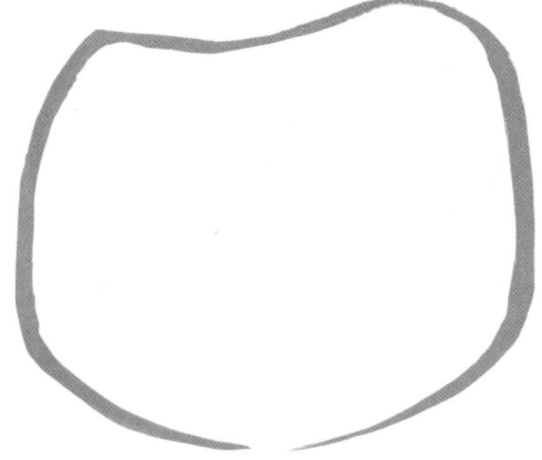

Día **9**

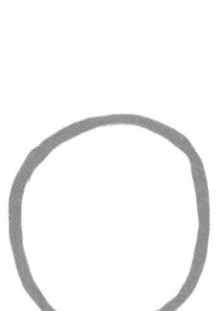

Lazo

Para dibujar un lazo, traza primero un círculo y añade luego a cada lado un corazón tumbado. Traza los extremos de la cinta e incluye los motivos que marcarán el estilo de tu personaje.

Día **10**

Corbata

Nada mejor que una corbata para crear un personaje carismático y serio.
Empieza con una forma redondeada, dibuja luego el cuerpo principal de la corbata en vertical y termina con el estampado que definirá el estilo del accesorio.

Día **11**

Coleta

Para dibujar una coleta, dirige los trazos del pelo hacia atrás y únelos todos al lazo. Añade luego la coleta y termina con los detalles interiores de los mechones.

Día **12**

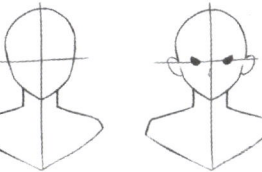    

Pelo de punta

En el manga, el 90 % de los personajes masculinos tienen el pelo de punta, lo que les añade carácter. Para aportar volumen, varía el tamaño, el grosor, la forma y la dirección de los mechones.

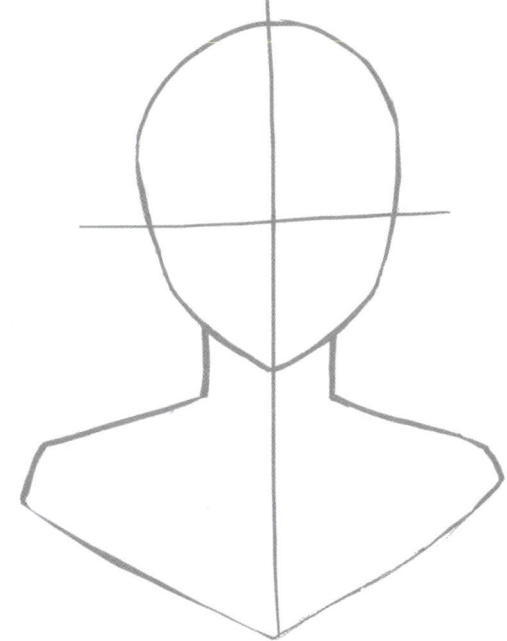

Día **13**

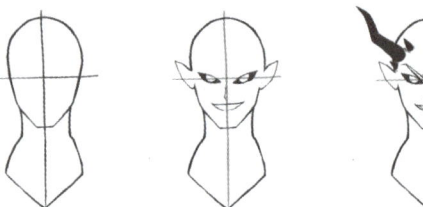

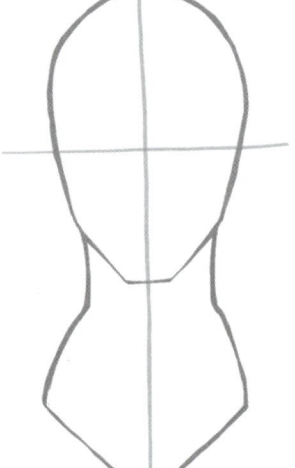

Demonio

Un demonio debe parecer siniestro, misterioso y algo psicópata.

Para representarlo, utiliza elementos como cuernos demoníacos, escleróticas negras, una sonrisa diabólica y sombras con trazos verticales que acentúen su maldad.

Día **14**

Chamán afro

No dudes en crear personajes diversos, cambiando sus orígenes, personalidades, profesiones, accesorios, cortes de pelo y edades. Un manga con personajes singulares resulta más dinámico.

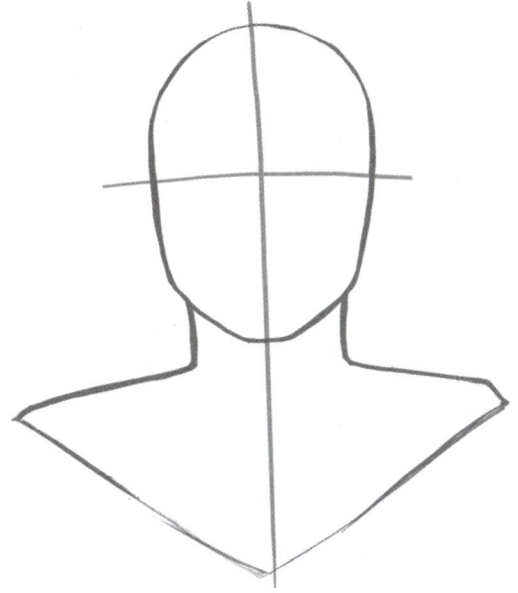

Día **15**

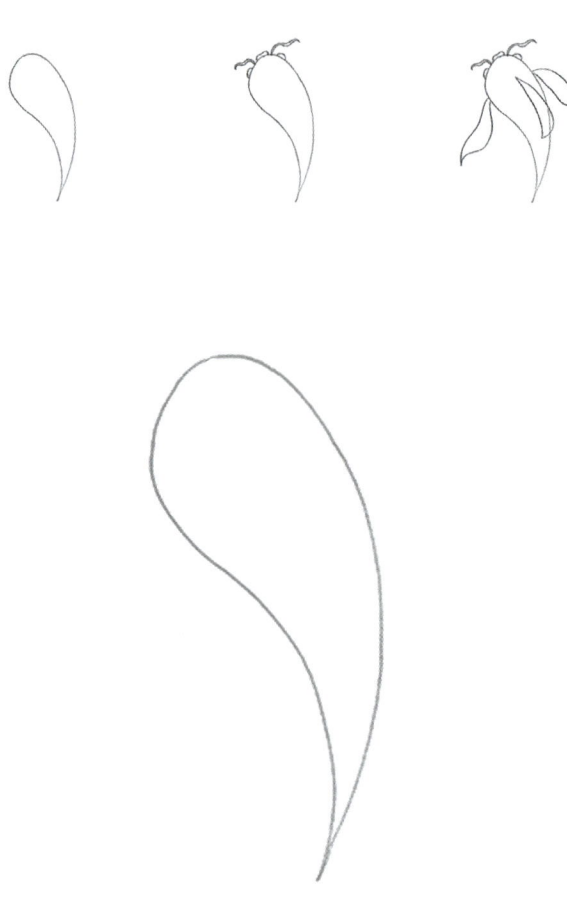

Carpa koi

Es muy relajante contemplar cómo nadan las carpas koi. El movimiento de sus aletas recuerda a una tela flotando. El secreto está en las curvas, así que evita los trazos rectos.

Día **16**

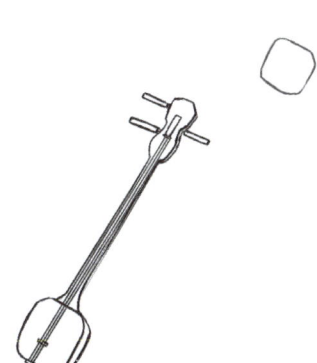

Samisén

Este instrumento tiene solo tres cuerdas. El mástil del samisén es muy largo; para dibujarlo, calcula al menos tres veces el tamaño del cuerpo.

Día **17**

Escoba
de bruja

¡¿Quién no ha soñado con tener una escoba de bruja para volar en la noche estrellada?! ¡No dudes en añadir complementos para personalizar la escoba de tus sueños!

Día **18**

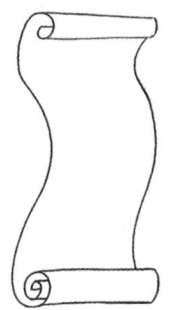

Papel enrollado

Un pergamino, un mapa del tesoro o incluso una lista de la compra, que la imaginación decida en lo que se convertirá este pedazo de papel enrollado.

Día **19**

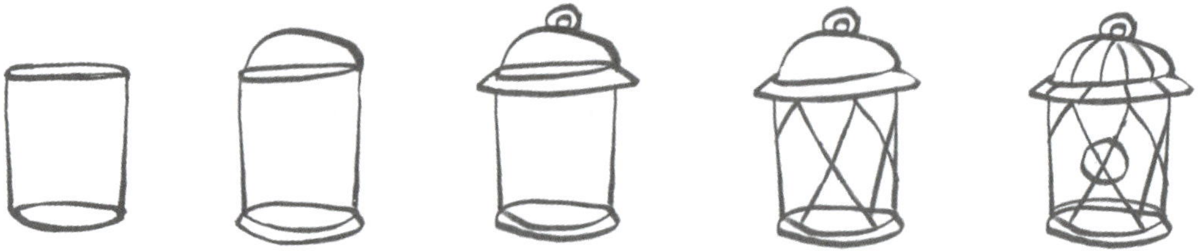

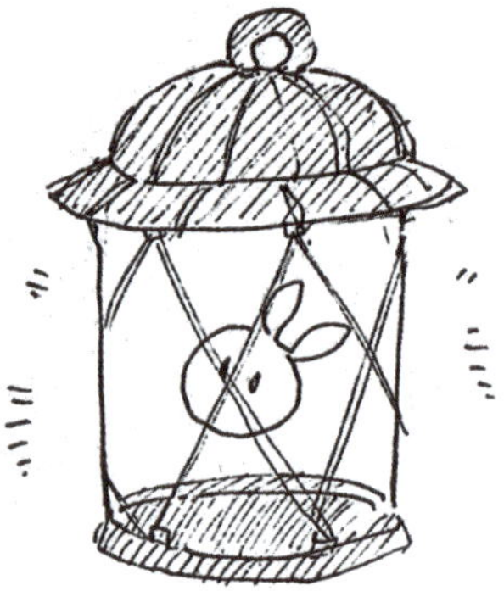

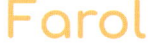

Farol

Parte de un cilindro y añade los detalles que lo transformarán en un farol mágico.

Día **20**

Libro
de magia

Todos los libros parten de una base rectangular, incluso los de magia. Las páginas y la cubierta vienen después. Para convertirlo en un libro mágico, añade estrellas, destellos o galaxias.

Día **21**

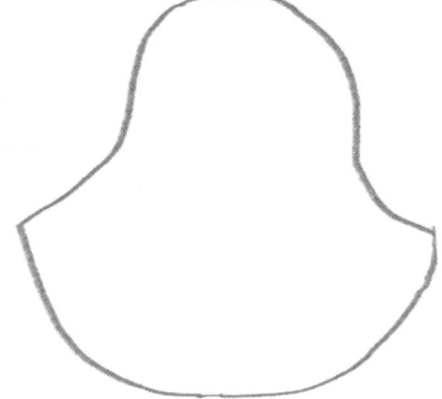

Fantasma

Para dar realismo a la sábana que cubre la cabeza de este fantasma, dibújale pliegues que se superpongan.

Día **22**

Kitsune

Para conseguir un *kitsune*, añádele nueve colas a un zorro. Quién sabe, quizás con un poco de suerte obtengas el favor de este espíritu.

Día **23**

Kraken

A pesar de su aspecto inofensivo, el *kraken* es la peor pesadilla de los buques mercantes. Este monstruo marino los despedaza sin compasión.

Día **24**

Conejo-ciervo

Basta con añadir astas a este lindo conejito para transformarlo en un ser extraordinario.

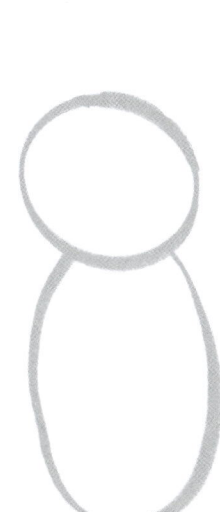

Día **25**

Fauno

¡Dibújale una lira a este fauno
para que te interprete una
canción! Los cuernos le dan
un aire travieso.

Día **26**

Yokai

Este inquietante paraguas es un *yokai*, un espíritu maligno que procede del folclore japonés.

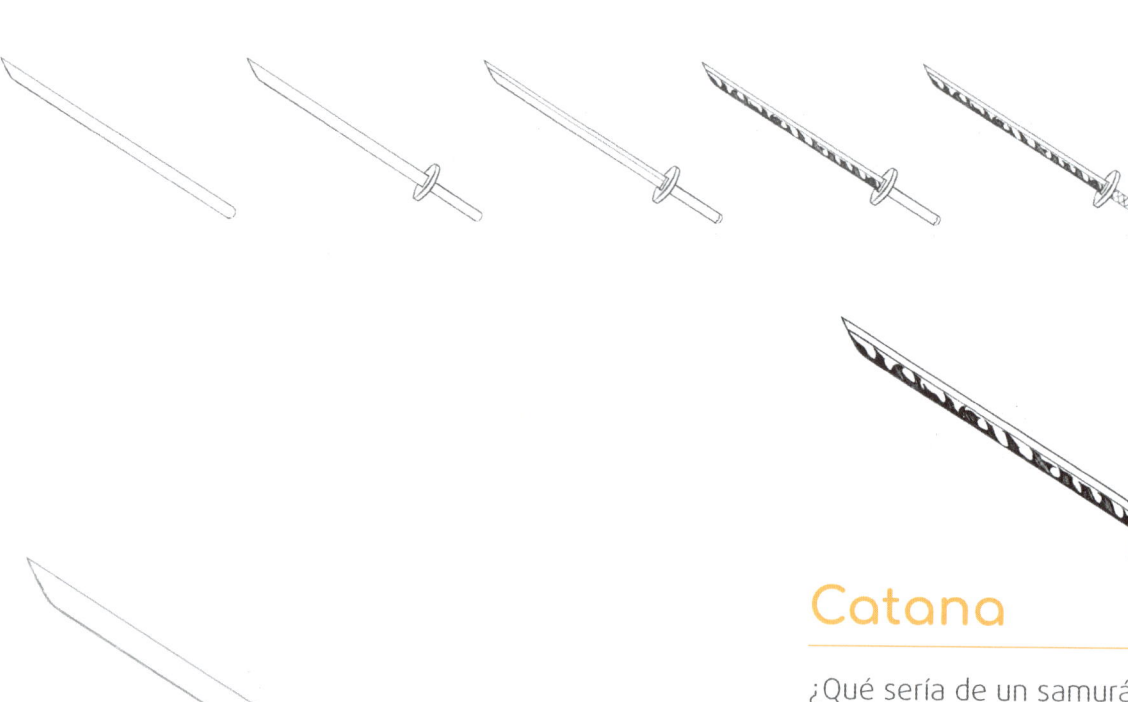

Catana

¿Qué sería de un samurái sin su catana? Es el alma de un guerrero.
Su afilada hoja debe ser larga y estilizada.

Día **28**

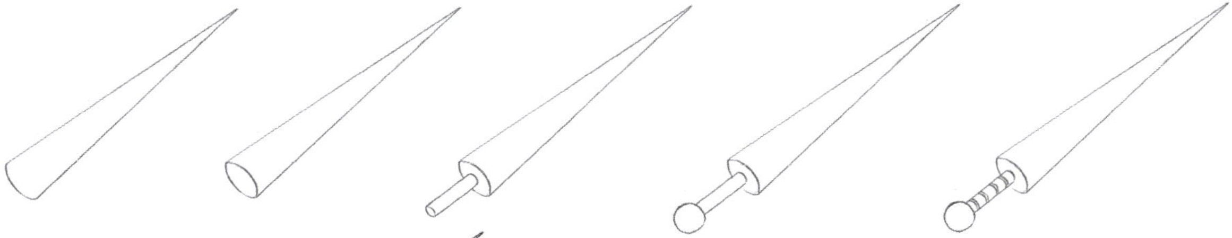

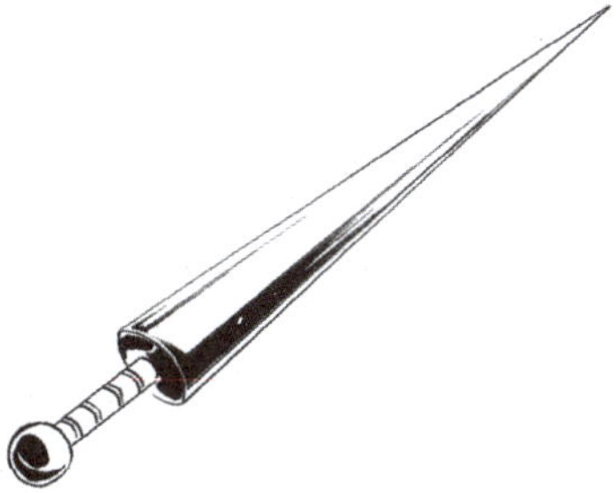

Espada
de caballero

La espada es la prolongación
de la armadura de un
caballero. Su punta acerada
alcanza siempre el objetivo.

Día **29**

Llamas

Para dibujar fuego, varía el tamaño, el grosor, la dirección y la forma de las distintas llamaradas.
Dejando el interior en blanco, aportarás luminosidad a la llama; si el interior es claro y el exterior, oscuro, se crea la sensación de contraste luminoso.

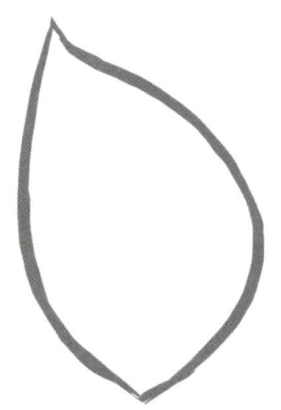

Día **30**

Hielo

Para dibujar un ataque de hielo, representa una sucesión de cristales en forma de rombo, con los bordes irregulares y grietas que den volumen a cada cristal.

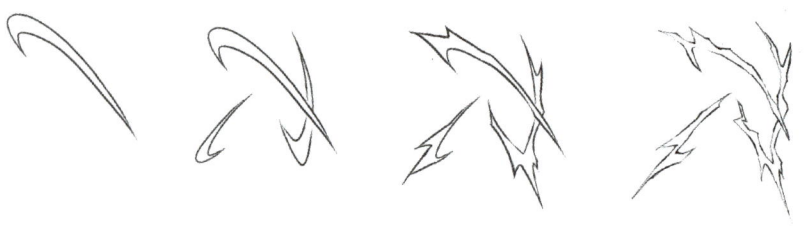

Rayo

El rayo se compone de varias figuras con forma de coma que se superponen y entrecruzan. ¡El contorno de los relámpagos debe ser muy afilado para que el ataque resulte potente!

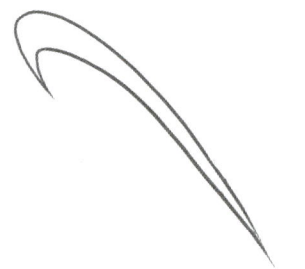

Día **32**

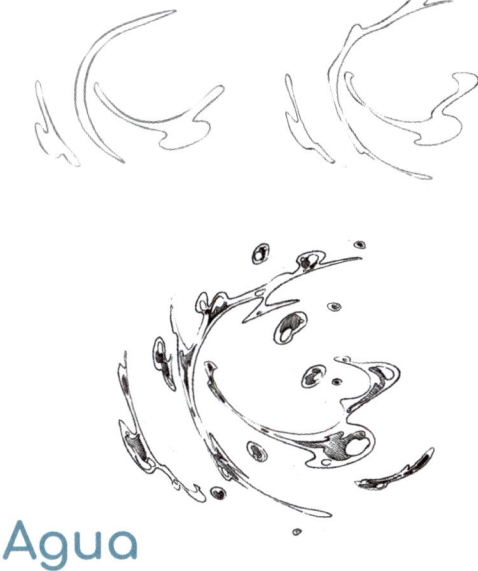

Agua

Para un ataque de agua se emplea la misma base que para uno de relámpago, pero con los extremos mucho más redondeados. Añade unas gotas para representar el lado natural de este elemento.

Día **33**

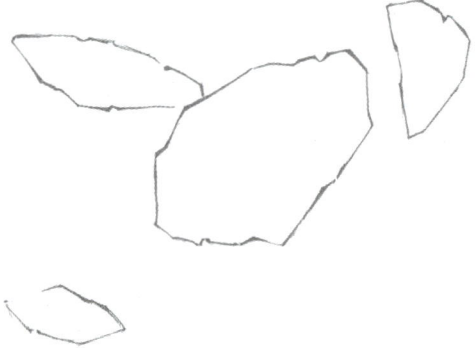

Roca

Una roca tiene forma de rombo irregular y las grietas le aportan volumen. Varía el tamaño, la dirección y la forma, y superponlas entre ellas.

Día **34**

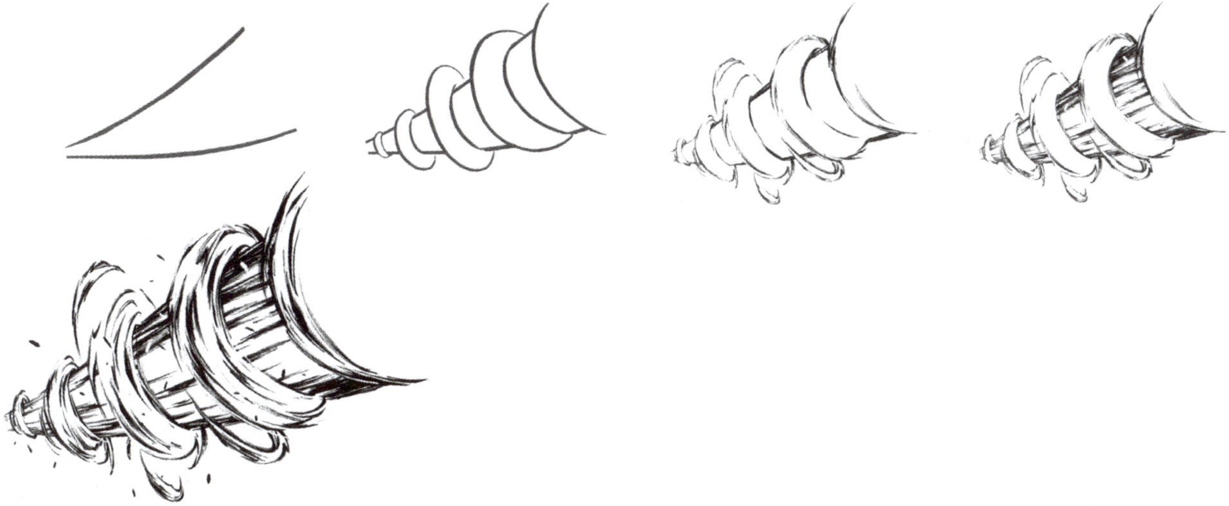

Viento

Para representar un ataque
de viento fuerte, es necesario
resaltar las líneas curvas del
interior y variar el grosor y la
intensidad de los trazos. Puedes
añadir ruinas alrededor para
reforzar el ataque.

Día **35**

Ramen

El cuenco de ramen puede representarse con un óvalo. Los fideos se dibujan con trazos ondulados y entremezclados, al igual que el repollo rallado. La carne y los huevos toman formas geométricas.

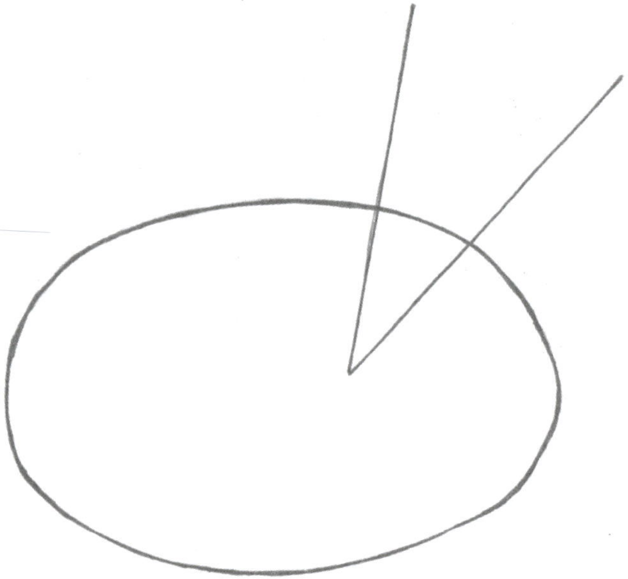

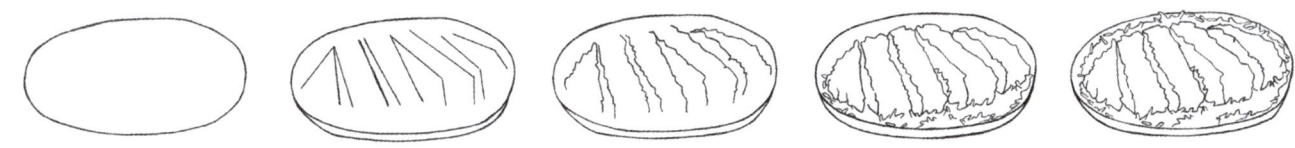

Katsudon

La chuleta del *katsudon* se corta en tiras y se coloca sobre un plato de arroz. Primero marca el corte de los diferentes pedazos de carne con líneas rectas y luego añádeles espesor.

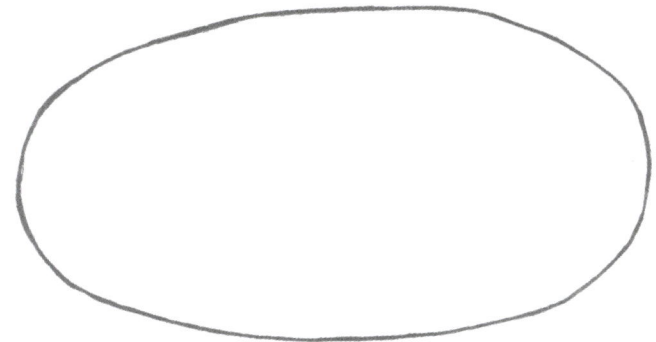

Día **37**

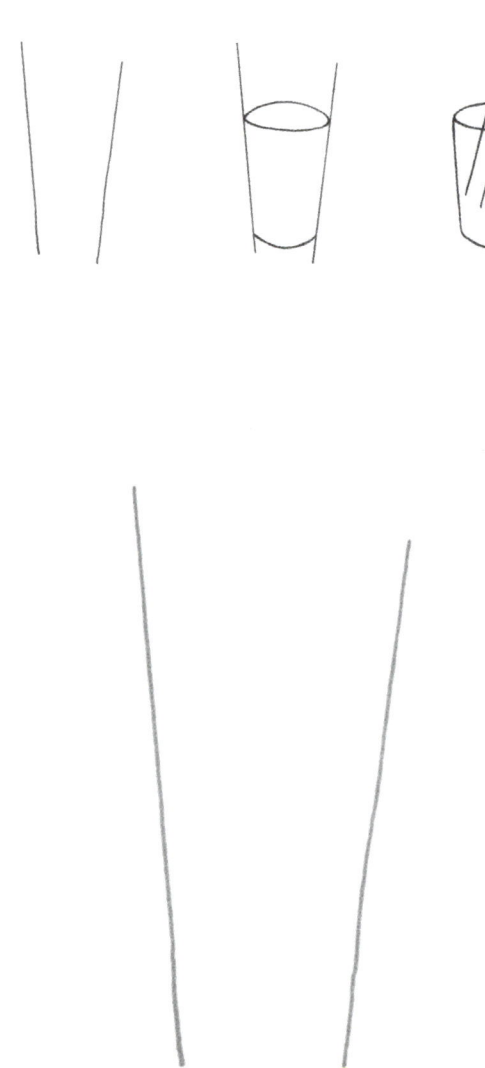

Té de burbujas

El vaso tiene forma cilíndrica y la tapa es una semiesfera colocada encima. La pajita atraviesa el conjunto pasando por el centro de la tapa. Las perlas se añaden en el fondo.

Día **38**

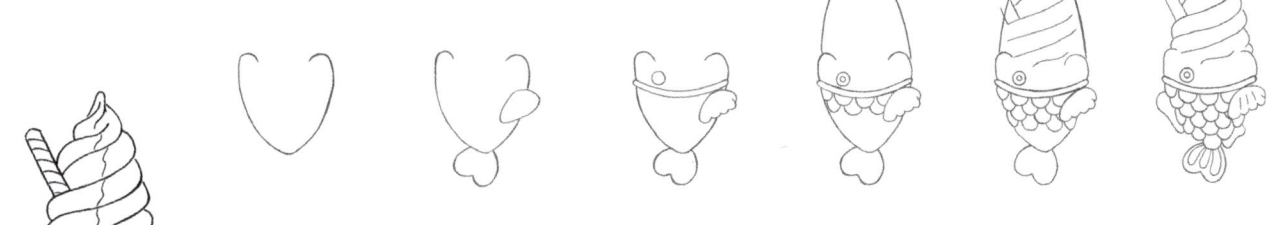

Taiyaki

El cucurucho de este helado japonés tiene forma de pez. Para dibujarlo, empieza trazando una U y luego añádele las aletas y las escamas. El helado tiene forma de cono invertido.

Día **39**

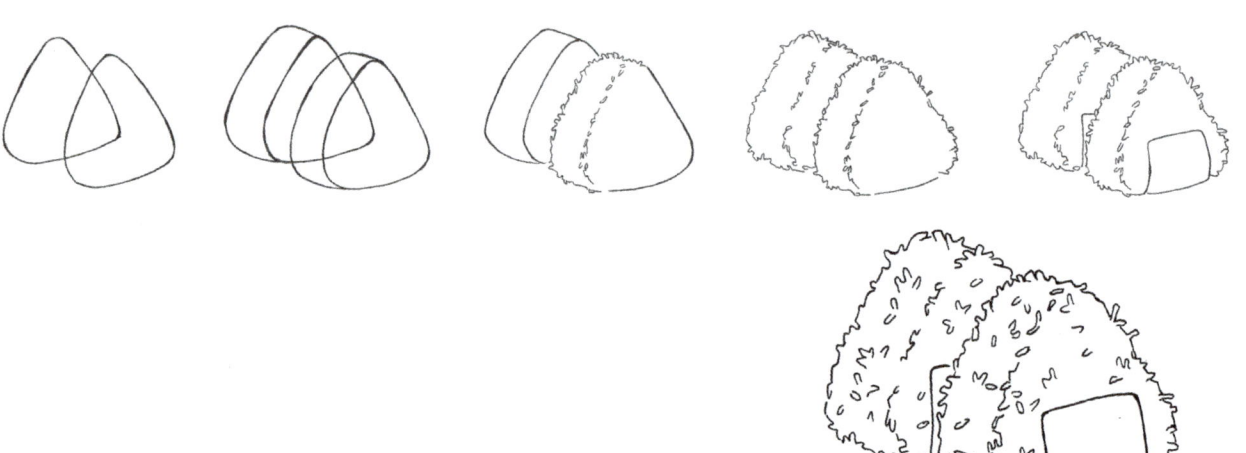

Onigiris

Los *onigiris* tienen forma triangular.
Para representar la bola de arroz,
dibújale unos bordes irregulares
y algunos granos de arroz. Añade
bajo los *onigiris* una lámina
cuadrada de alga.

Día **40**

Sushi

La bola de arroz tiene forma ovalada. La lámina de salmón o la gamba sobresalen por los extremos. Para representar el arroz, dibuja algunos granos sobre la parte oblonga.

Día

Máscara de zorro

Para esta máscara tradicional de zorro, parte de una figura redondeada y añádele la curvatura del hocico y las orejas de zorro. Por último, representa a los lados las cuerdecitas para ajustarla.

Día **42**

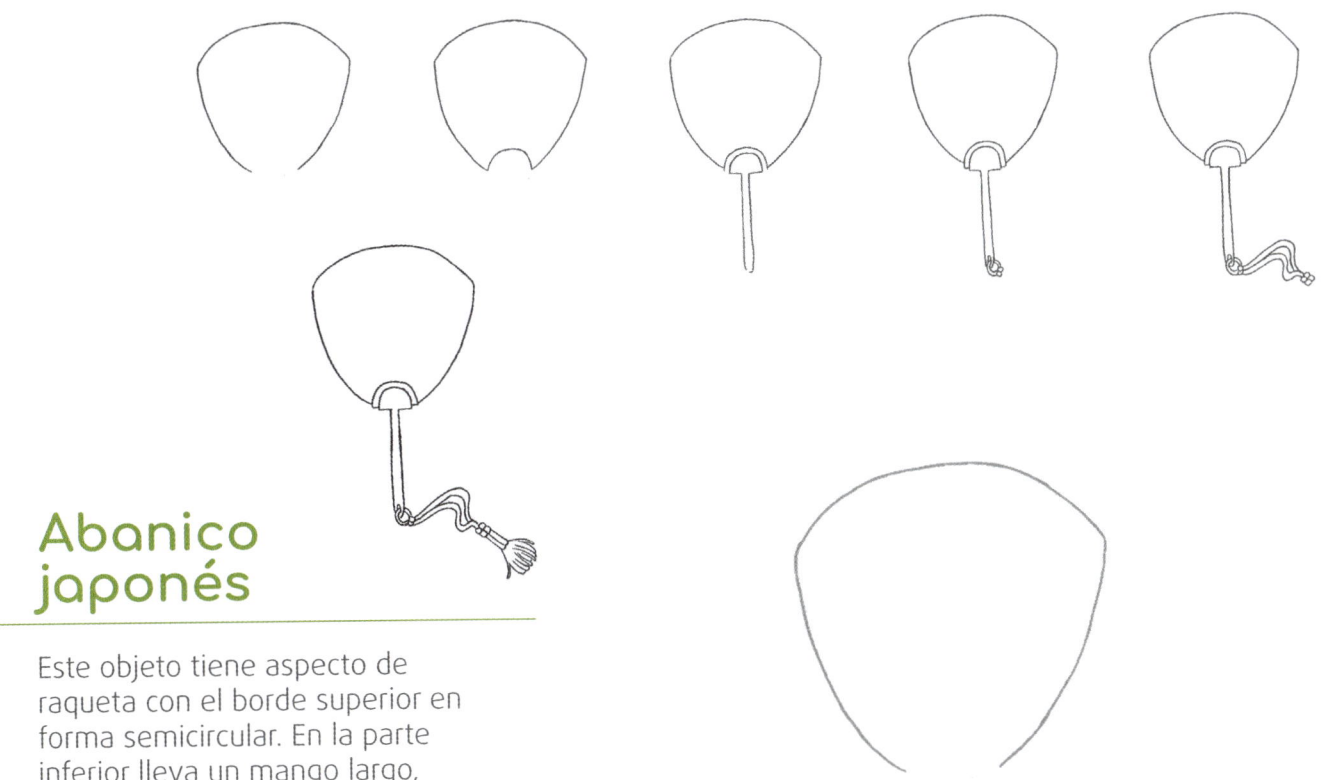

Abanico japonés

Este objeto tiene aspecto de raqueta con el borde superior en forma semicircular. En la parte inferior lleva un mango largo, rematado con un pequeño cordel decorativo.

Día **43**

Cascos *kawaii*

La diadema de los cascos se representa con un arco. Los dos altavoces tienen forma de cilindro achatado. Las orejas de gato triangulares se colocan encima de la diadema.

Día **44**

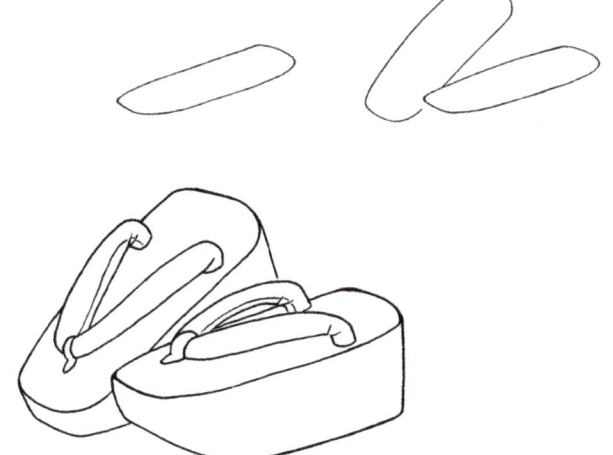

Getas

Para dibujar las suelas, traza
unos rectángulos con las
esquinas redondeadas.
A continuación, añade altura a
la plataforma. Termina colocando
las cintas en la parte alta.

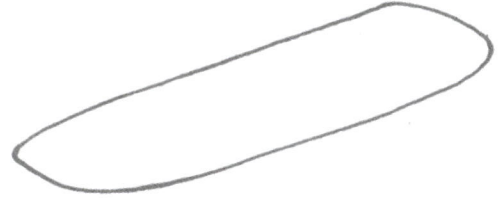

Día

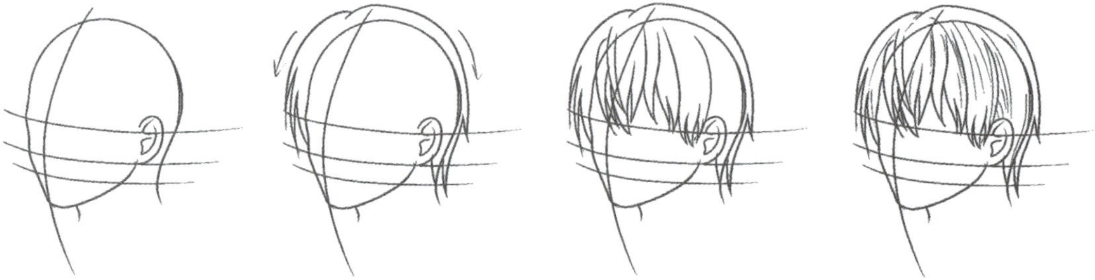

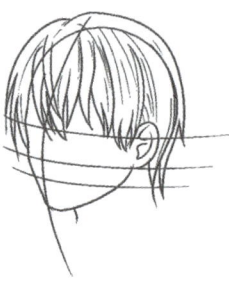

Pelo liso

El cabello natural crece hacia el suelo, debido a la gravedad. Cuanto más largo sea el pelo, más pesará y más caerá.

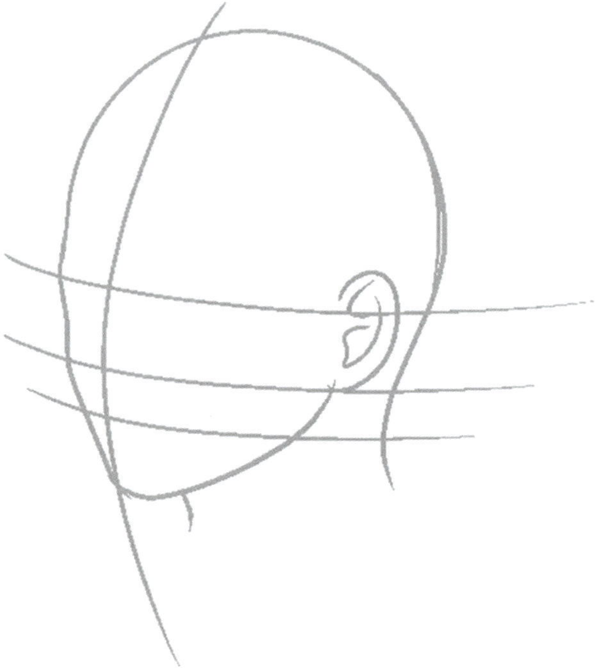

Día **46**

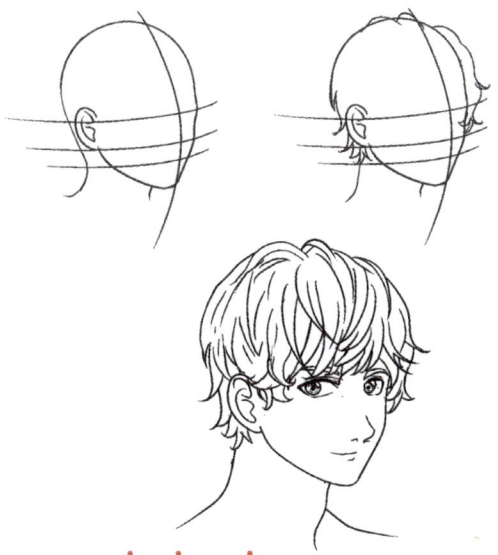

Pelo ondulado

En el pelo ondulado, las puntas se levantan y parecen obedecer menos a la gravedad que el pelo liso.
Los mechones se curvan como haces sinuosos.

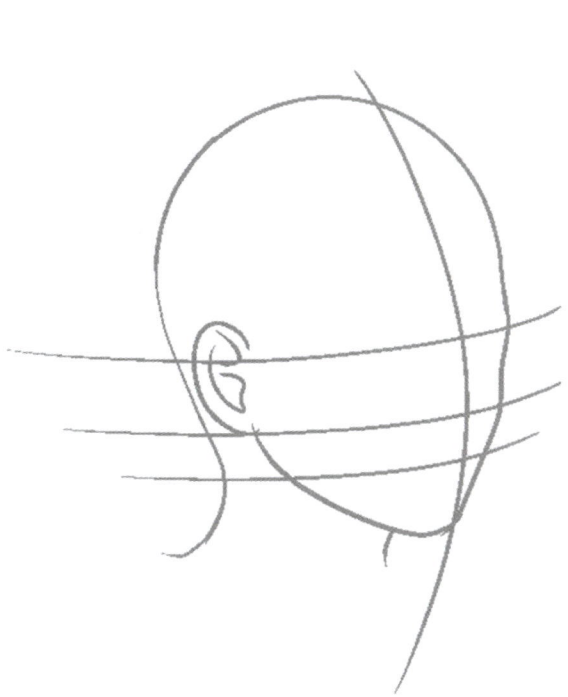

Día **47**

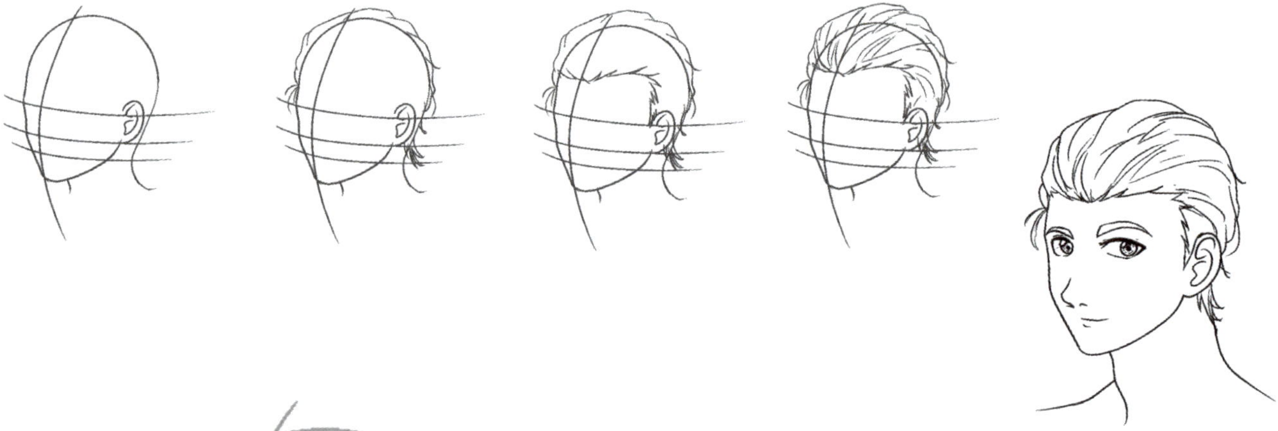

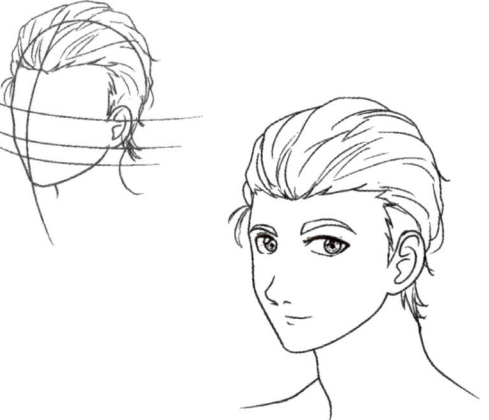

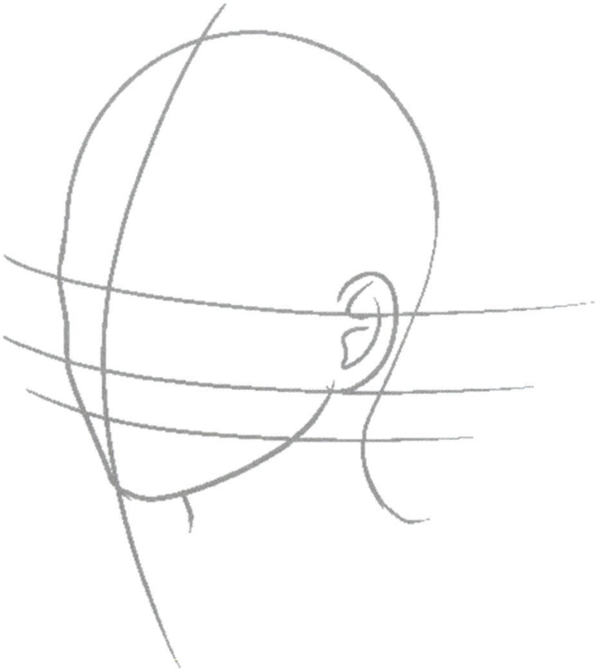

Pelo hacia atrás

El pelo parte de las raíces delanteras y se dirige hacia atrás. Tienes que dibujar el movimiento del cabello en dirección a la nuca.

Día **48**

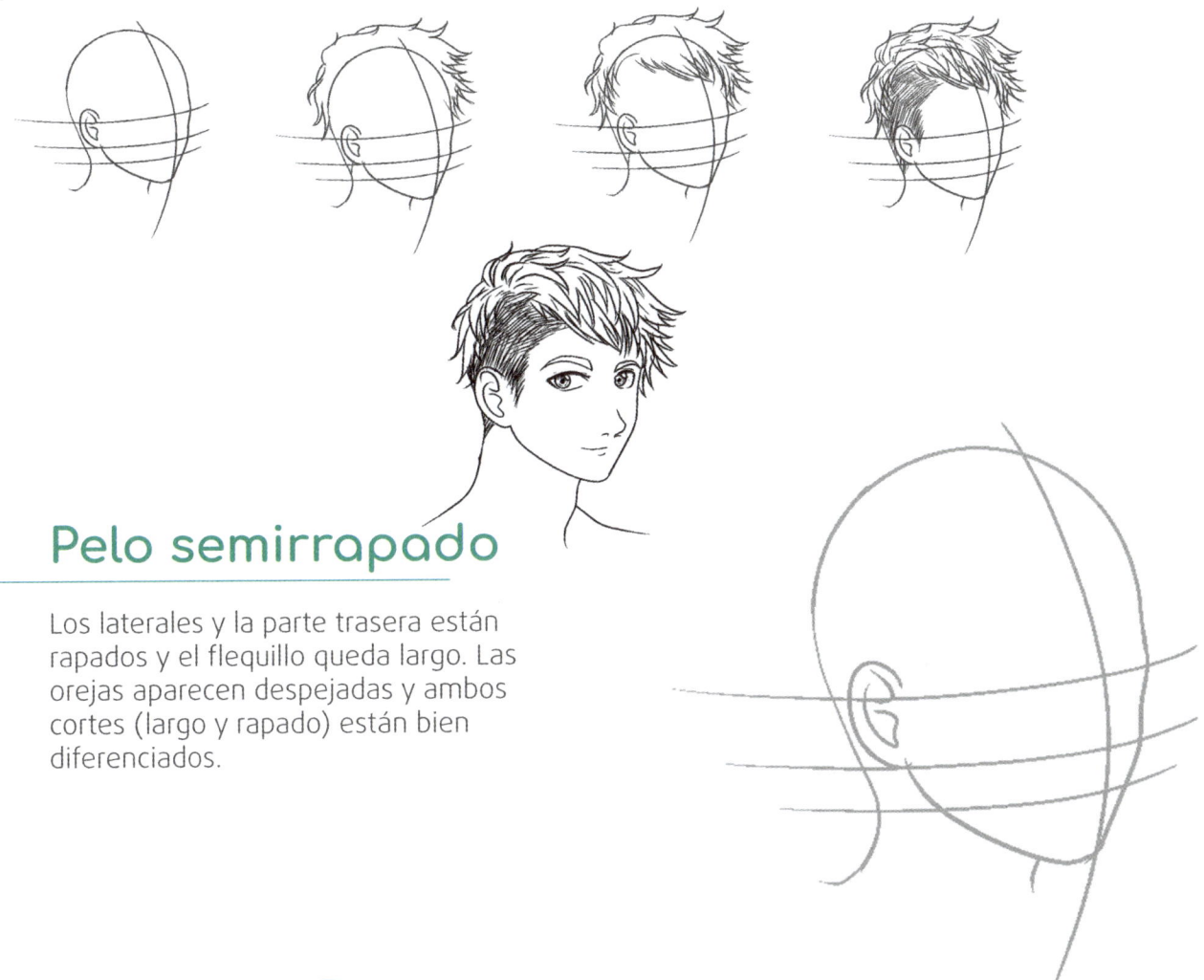

Pelo semirrapado

Los laterales y la parte trasera están rapados y el flequillo queda largo. Las orejas aparecen despejadas y ambos cortes (largo y rapado) están bien diferenciados.

Día **49**

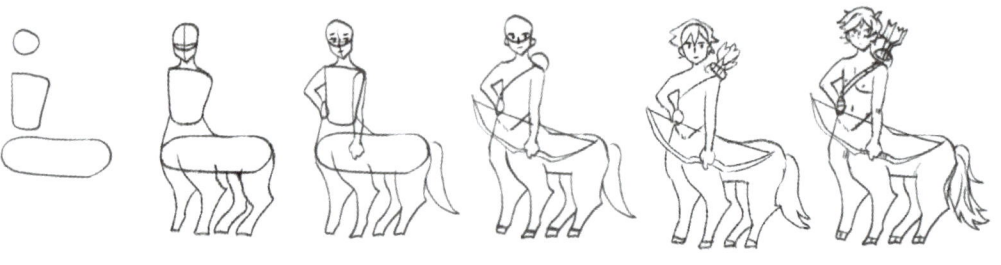

Centauro

Un cuerpo humano sobre unas patas de caballo basta para dibujar fácilmente este valeroso centauro.

Día **50**

Vampiro

Los colmillos y las orejas apuntadas aportan encanto a este vampiro ¡que no es tan buenecito como parece!

 **51**

Caballero *chibi*

Con una espada afilada, un escudo, un casco y una armadura, conseguirás un caballero más fuerte y poderoso.
Añade zonas negras en el borde de la armadura para lograr un efecto metálico.

Día **52**

Samurái *chibi*

Los samuráis representan las virtudes del guerrero japonés, el respeto entre los combatientes, el sacrificio, la perseverancia, el arte de la espada y el honor.

Día **53**

Colegiala japonesa *chibi*

En Japón, los estudiantes visten de uniforme en la escuela primaria, la escuela secundaria y el instituto. Cada región y localidad tiene su propio uniforme, pero los de las chicas suelen representarse con camisa, chaqueta, lazo al cuello, falda y calcetines.

Día **54**

Maga *chibi*

La magia aparece con regularidad en el manga. Los personajes resultan más atractivos y originales con esta dimensión fantástica. Para ello, enfatiza sus poderes mágicos, tórnalos espectaculares.

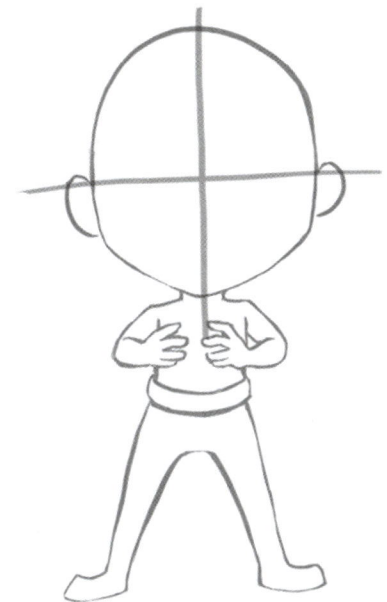

Día **55**

Mascota gato

Los gatos tienen una faceta muy *kawaii*, pero cuidado, porque también son imprevisibles y no se dejan acariciar tan fácilmente.

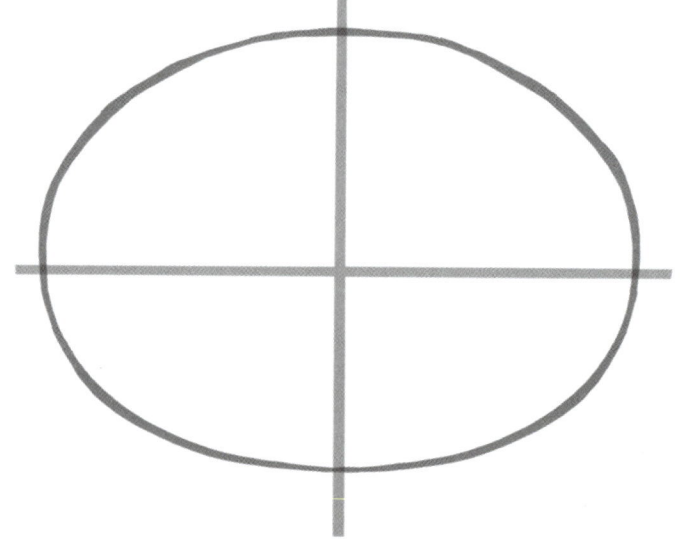

Día **56**

Mascota oso

¡Cada localidad japonesa tiene su propia mascota! El oso es utilizado con frecuencia. Una de las mascotas más conocidas es el Kumamon de Kumamoto, un oso negro con grandes mejillas rojas.

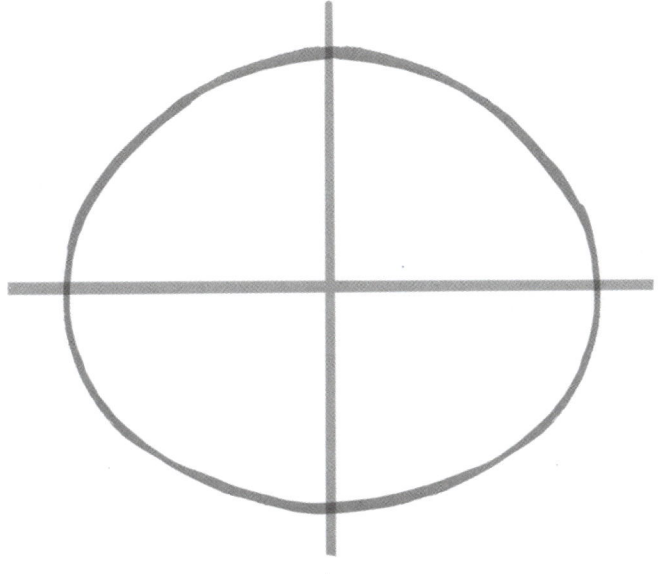

Día **57**

Mascota león

El león es el rey de los animales, el que domina todo a su alrededor.
Aunque las mascotas tengan un aspecto *kawaii*, el león debe conservar su apariencia imponente y fuerte.

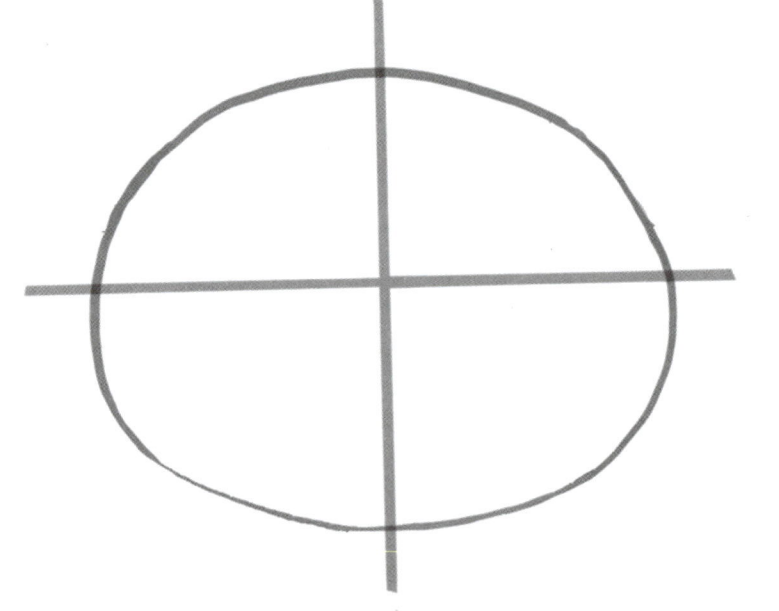

Día **58**

Mascota tigre

El tigre es uno de los animales más aterradores que existen. ¡Al representarlo con trazos afilados se manifiesta su fuerza! Las rayas negras acentúan su carácter y su belleza.

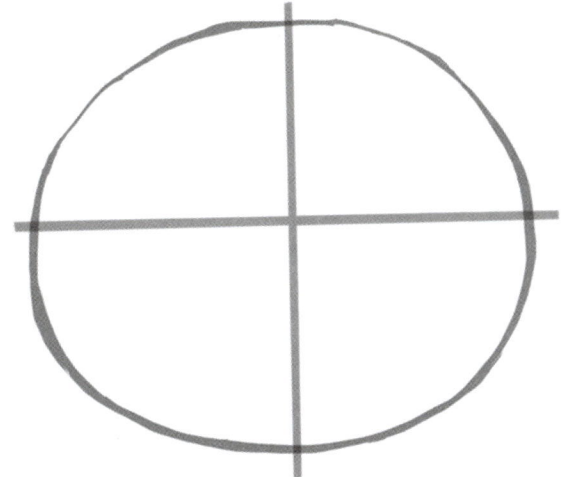

Día **59**

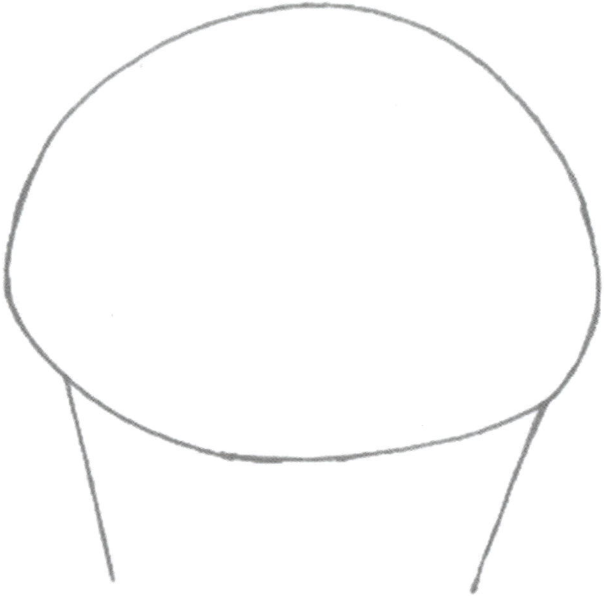

Mascota magdalena

Los japoneses adoran las mascotas de animales... y de alimentos. Este encantador personaje presenta forma oval en la parte alta y forma de trapecio con base redondeada en la parte baja. Unos grandes ojos redondos completan el conjunto.

Día **60**

Miss Dónut

Dibuja un círculo como base del rostro y añádele el óvalo del mentón y las curvas de los hombros. A continuación, traza unos cilindros achatados y con un agujero en el centro para representar los dónuts.

Día **61**

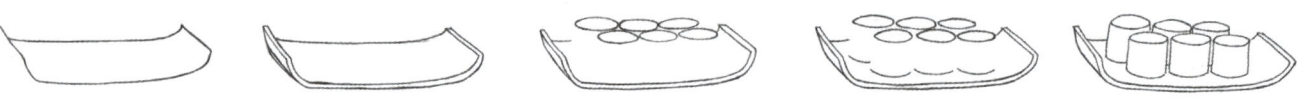

Makis

Los *makis* se representan con cilindros de altura idéntica. En cada uno de ellos, puede verse el relleno en el centro. El plato tiene los bordes curvados.

Día **62**

  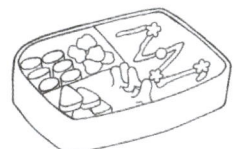 

Bentō

La caja *bentō*, rectangular y
con varios compartimentos,
es imprescindible para el
almuerzo de los estudiantes
japoneses. En su interior,
los alimentos pueden
representarse con figuras
geométricas.

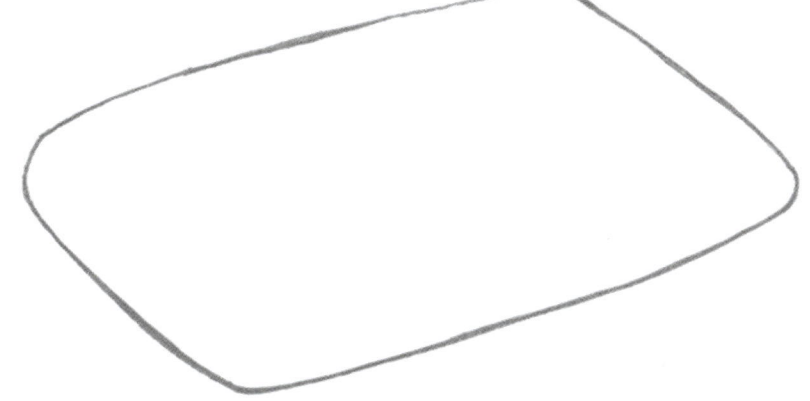

Día **63**

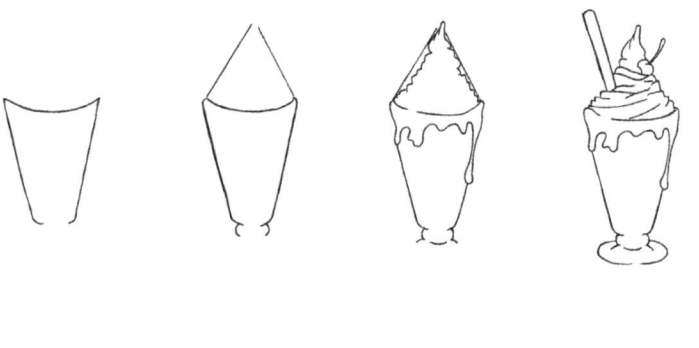

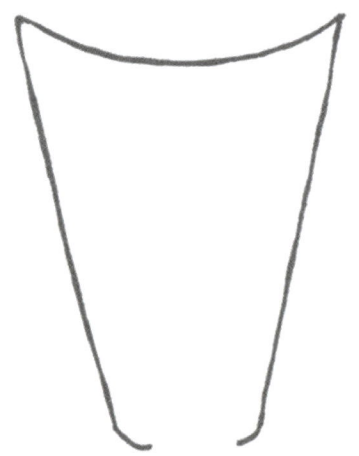

Batido

El vaso tiene forma cónica y termina en un pie con base redonda. La nata montada se representa con un cono invertido, recorrido por líneas horizontales y ligeramente inclinadas.

Día **64**

Taza de té

Esta taza se construye a partir de figuras ovales, que representan los bordes de la taza, la base y el platillo. Para dibujar el asa, añade unas líneas curvas.

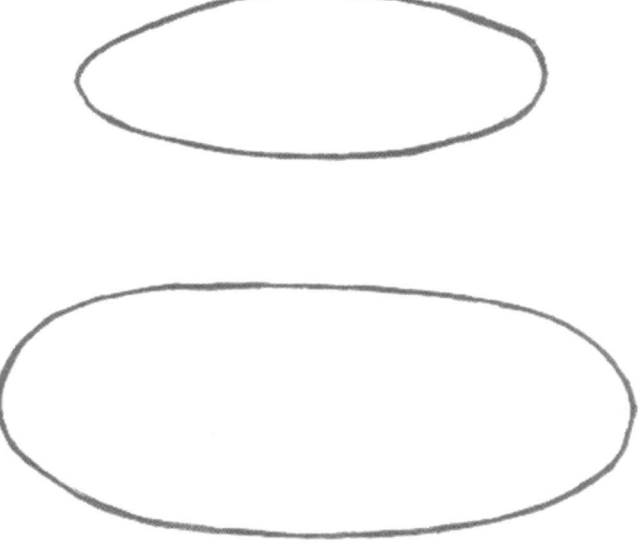

Día **65**

Sombrero de pescador

De perfil, este sombrero presenta una forma rectangular. El ala se va ensanchando como un embudo y cae sobre el rostro, ocultando gran parte de este.

Día **66**

Bufanda

Para representar una bufanda, es necesario dar volumen y espesor a la figura y el contorno. También hay que dibujar los pliegues que indican la dirección de la tela.

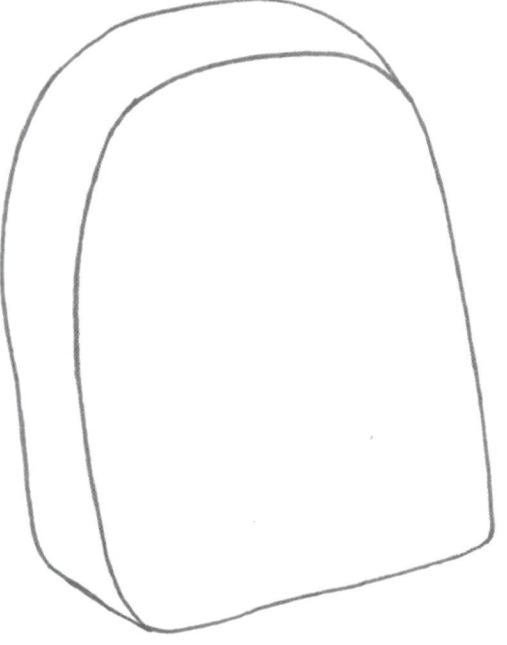

Mochila

Comienza dibujando un prisma rectangular con un extremo redondeado. Luego representa los bolsillos de la parte delantera: traza un rectángulo y un semicírculo y añádeles volumen.

Día **68**

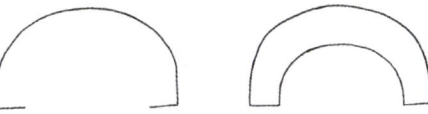 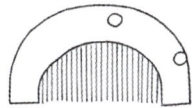 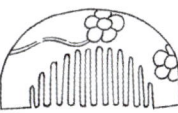 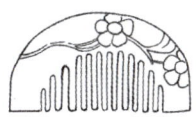

Peine

Este peine tradicional japonés tiene como base un arco. A continuación, solo tienes que añadir las púas en otro arco interior trazando líneas rectas verticales.

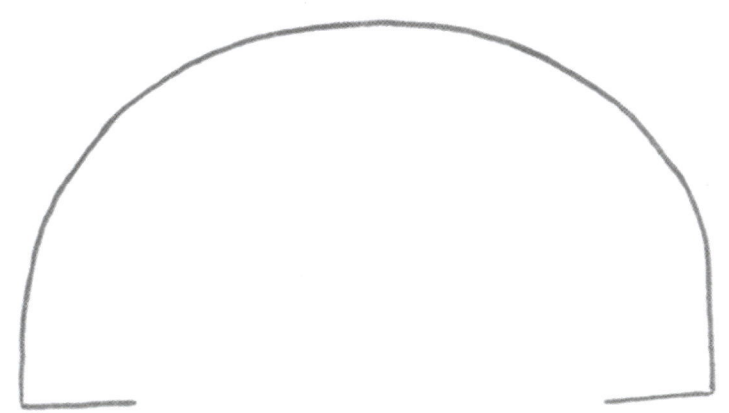

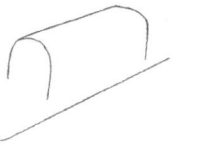 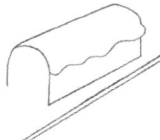 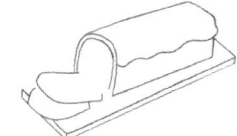  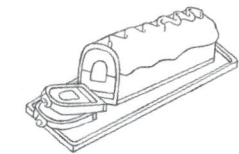

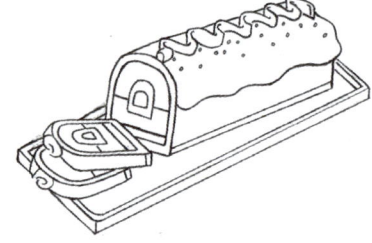

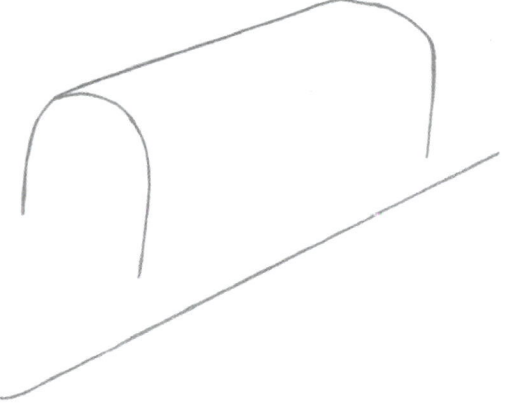

Brazo de gitano

Este pastel tiene forma de cilindro con la base plana. En las porciones cortadas, se ve esta misma figura geométrica, que representa las diferentes capas. La cobertura se extiende a lo largo del cilindro.

Día **70**

Cruasán

El cruasán tiene forma de semicírculo con una protuberancia en el centro. Para representar la masa enrollada, añade trazos verticales que tiendan hacia el centro.

Día **71**

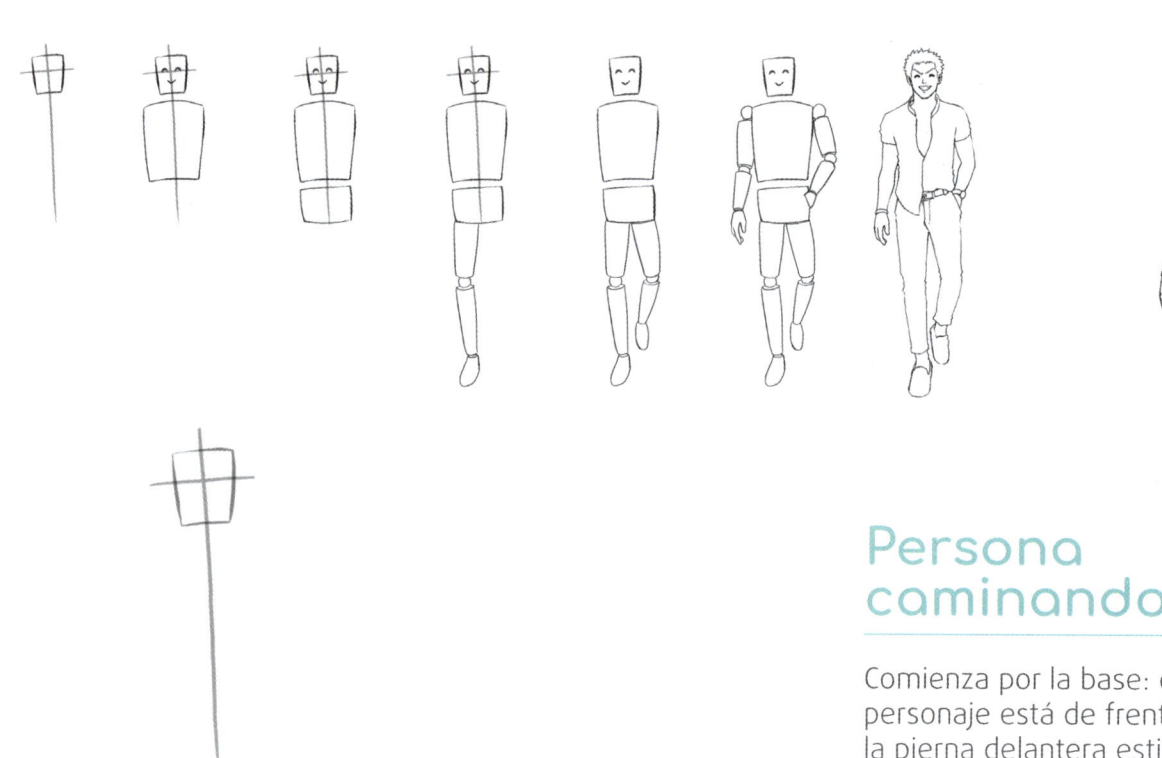

Persona caminando

Comienza por la base: el personaje está de frente, con la pierna delantera estirada y la trasera doblada. Lleva una mano en el bolsillo. Como detalles, añade una camisa ligeramente abierta y metida a medias en el pantalón, mocasines y accesorios.

Día **72**

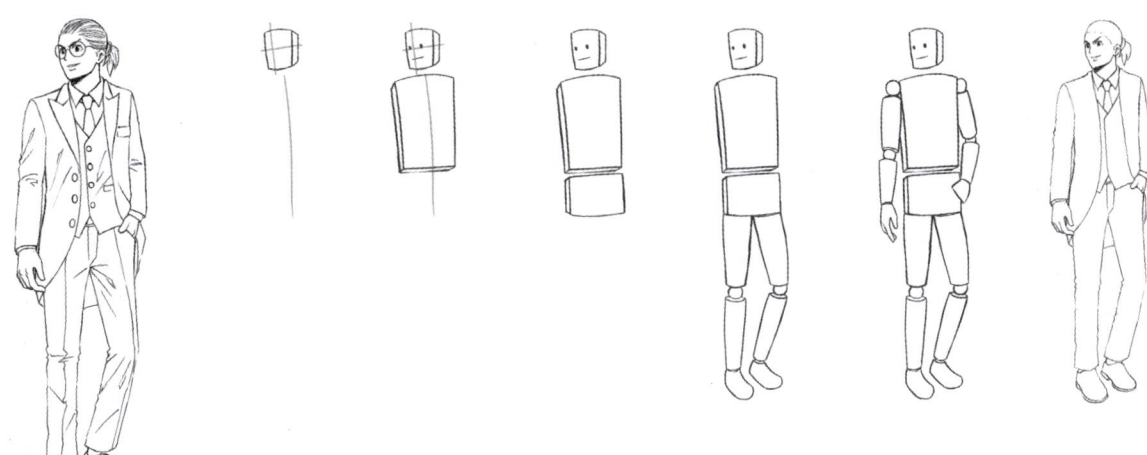

Traje

Este joven posa con un atuendo elegante. Tiene un brazo ligeramente doblado y con la mano en el bolsillo, mientras que el otro descansa junto al cuerpo. Acentúa los pliegues y las curvas para realzar el traje.

Día **73**

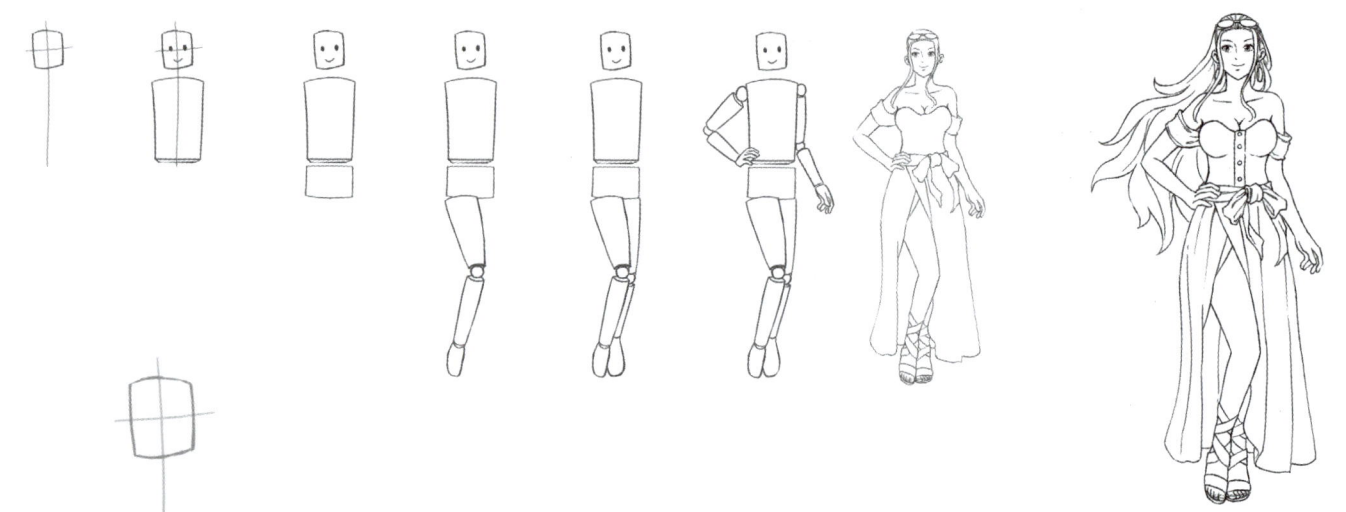

Vestido de gala

En esta postura, la joven presenta una pierna estirada y la otra, por delante de la anterior, ligeramente flexionada. Tiene un brazo algo levantado y el otro doblado, con la mano en la cadera. El vestido se abre sobre la pierna adelantada para dar un aspecto elegante al conjunto. No olvides los accesorios para realzar el estilo de la indumentaria.

Día **74**

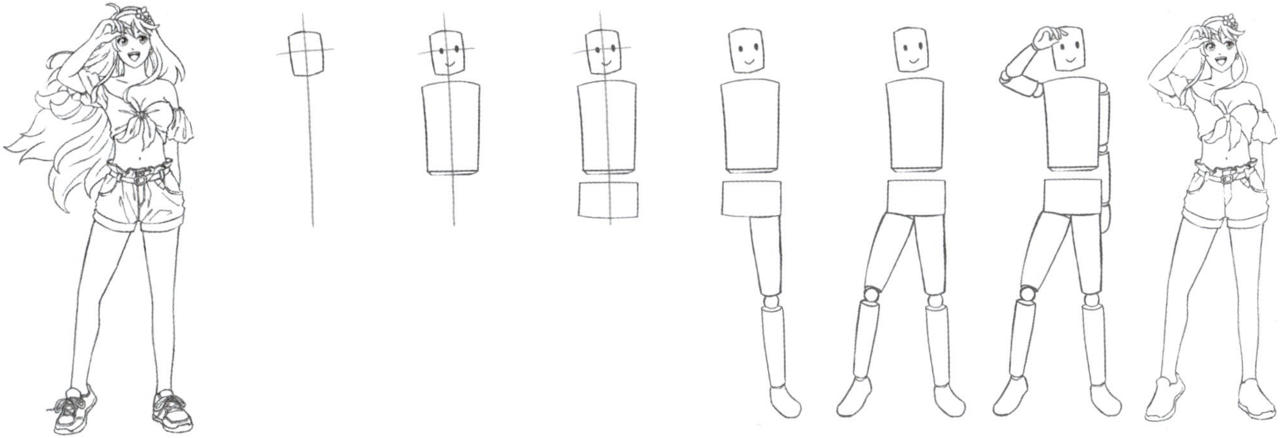

Conjunto
de verano

Comienza la base por el rostro y luego añade el torso, las caderas, una pierna recta y apoyada y la otra ligeramente flexionada. Uno de los brazos descansa junto al cuerpo y el otro está doblado hacia arriba para saludar. Agrega los detalles de la cara y las prendas, que son ligeras y cortas ¡porque es verano!

Día **75**

Flor de *sakura*

Comienza con tres círculos unidos por unos trazos que representen las ramas. Dibuja luego los pétalos, sobrepasando de vez en cuando los círculos para reflejar sus irregularidades naturales. Añade algunos detalles en los pétalos y dibuja por último el polen en los estambres.

Día **76**

Lirio

Dibuja primero el tallo y luego los pétalos, sin olvidarte de ondular ligeramente el contorno de estos últimos.

Después de los estambres y el polen, agrega unos puntitos en la parte interior de los pétalos para aportarles más realismo.

Día **77**

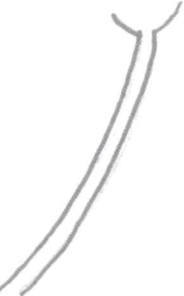

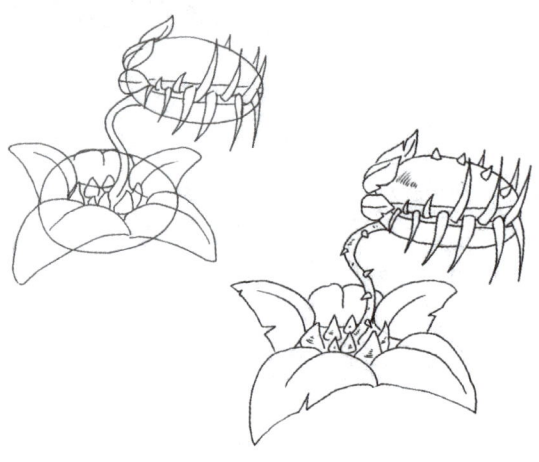

Planta carnívora

Para que la planta carnívora resulte más natural, curva el tallo que une la cabeza con la base.

Día **78**

Bonsái

Empieza esbozando el tronco y luego representa con una figura más o menos oval cada zona con hojas. Añade ramas para unir el follaje al tronco. Finaliza con los detalles de las hojas, el tronco y la grava.

Día **79**

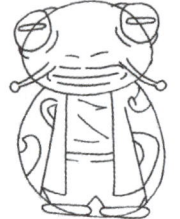

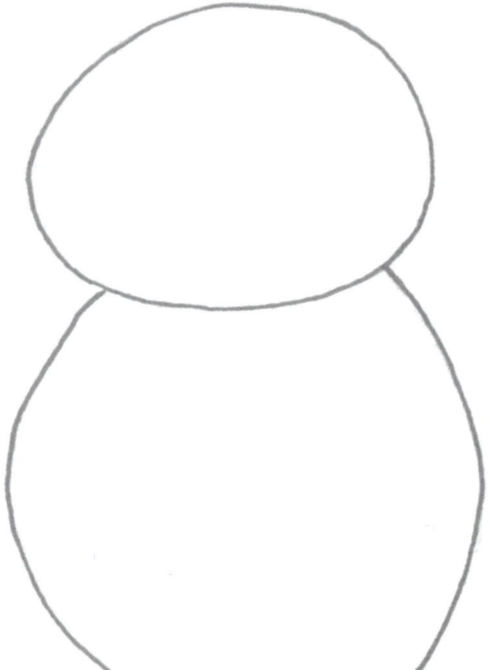

Sapo con kimono

Empieza por las figuras básicas, exagerando el tamaño de la cabeza, como al dibujar un *chibi*. Traza luego el contorno del kimono y el rostro. Por último, añade los detalles alrededor de los ojos y los pliegues de la vestimenta. Y como toque final, el estampado del kimono.

Día **80**

Gato
de la suerte

Este gatito que suele verse en el escaparate o junto a la caja de las tiendas sirve para dar la bienvenida a los clientes. Se afirma que atrae la buena suerte o el amor, dependiendo de la pata que tenga levantada y de las creencias de cada uno. ¡En este dibujo, redondea los trazos!

Día

Farolillo

Estos pequeños farolillos aportan un toque de color a los festivales de verano.
Los hay redondos, ovalados, rectangulares...
Diviértete decorándolos con algunos ideogramas, si sabes cómo hacerlo.

Día **82**

Chistera

¿Vas a darte una vuelta por la ciudad? No olvides tu chistera, un accesorio imprescindible para todo caballero.
¡También puedes sacar un conejo de su interior!

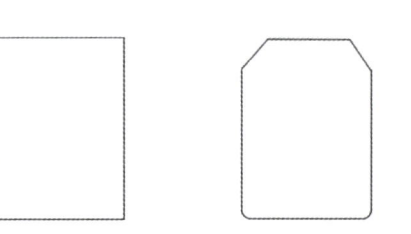
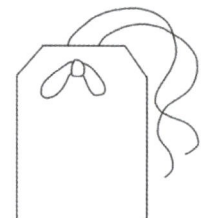

Omamori

Un *omamori* es una bolsita de tela en cuyo interior se guarda un amuleto o un pedacito de papel con una plegaria. Ten cuidado de no abrirlo, o la mala suerte caerá sobre ti... Decóralo según te dicte tu inspiración.

Día **84**

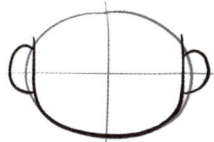   

Chibi riendo

Cuando nos reímos, nuestro rostro se vuelve asimétrico porque es una acción espontánea.
El personaje abre mucho la boca y tiene lágrimas en los ojos.

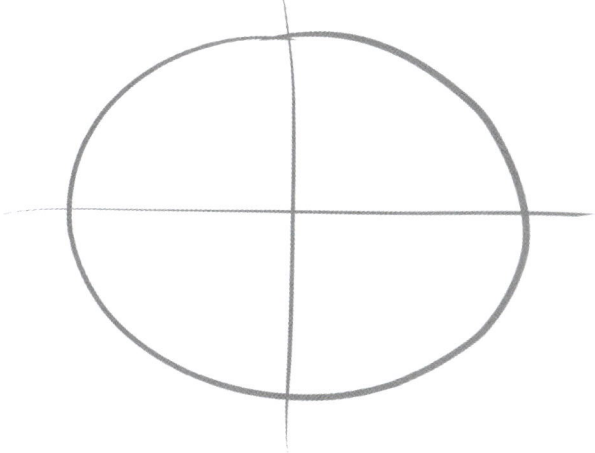

Día **85**

Sudadera con capucha

La atemporal sudadera no resulta muy original, ¡pero es una buena opción cuando no sabemos cómo vestir a nuestro personaje! Intenta variar los dibujos decorativos para añadirle atractivo.

Día **86**

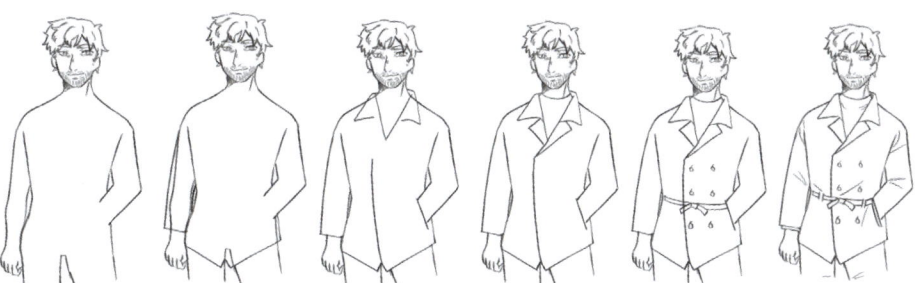

Gabardina

Este abrigo aporta un aire misterioso y elegante a los personajes masculinos. La tela con la que se confecciona esta prenda es bastante rígida, así que no hace falta dibujarle muchos pliegues.

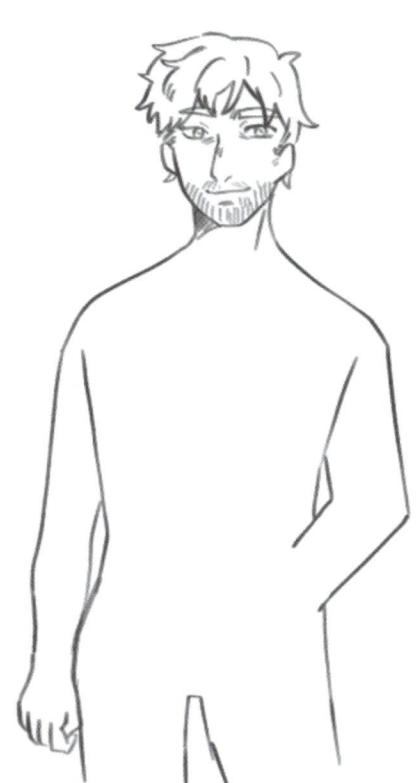

Día **87**

Camiseta ancha

Esta camiseta amplia no pide dibujar muchos pliegues. Solo son necesarios en los puntos de tensión (especialmente en las axilas). Como con la sudadera, ¡intenta variar los motivos decorativos para aportar características únicas al personaje!

Día **88**

Camiseta ajustada

Esta camiseta está más pegada al cuerpo y, al contrario que la camiseta ancha, requiere muchos más pliegues, ya que los puntos de tensión son más numerosos. Las prendas representan a los personajes que las visten, de modo que elígelas en función de su personalidad.

Día **89**

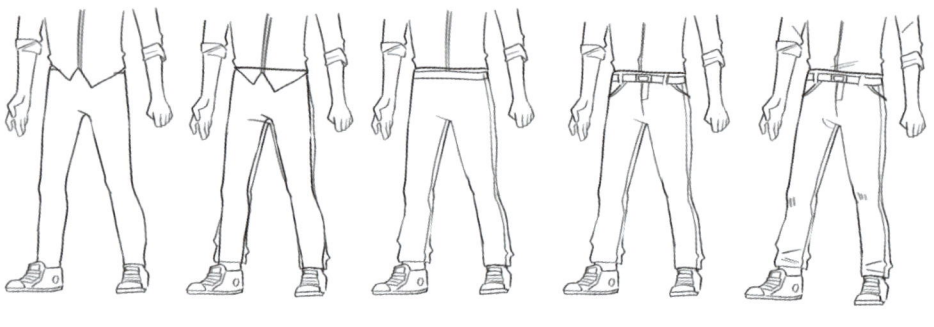

Pantalón

Este pantalón es bastante básico, pero resultará adecuado para todos tus personajes. ¡Con solo cambiar el color puedes conseguir un estilo diferente!

Día **90**

Camisa

Para aportar seriedad a un personaje, vístelo con una camisa. Para ello, dibuja justo debajo de su cuello un rectángulo que represente el cuello de la prenda. Añade detalles, estampados, pliegues y botones.

Día **91**

Gorra

La cabeza de esta muchacha, alegre y con el rostro ligeramente ladeado, es proporcional al cuerpo. Tiene los ojos cerrados y esboza una sonrisa. Tras haber dibujado la base, añade los detalles: la gorra, la sudadera, los pendientes y el largo pelo al viento. ¡Recuerda!, el casquete de la gorra debe ser tan ancho como la cabeza del personaje.

Día **92**

Bebé feliz

La cabeza es proporcionalmente más grande que el cuerpo. Dibuja un gran triángulo para el torso y un bracito en alto, saludando. Con el otro brazo, el pequeño sujeta un muñeco. Dos grandes pupilas negras, una amplia sonrisa, una bonita cabellera y listo, un adorable niño.

Día **93**

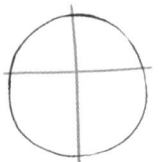
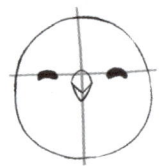

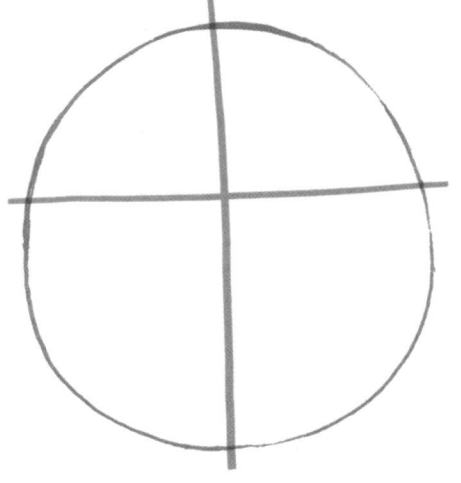

Mascota pollito

Traza un gran círculo para dibujar el cuerpo del pollito. Añade los ojos y el pico justo en el centro de la cabeza. Luego llega el turno de las alas a los lados. No olvides la cresta para darle un aire rebelde, las patas, las cejas y unos pequeños mofletes.

Día **94**

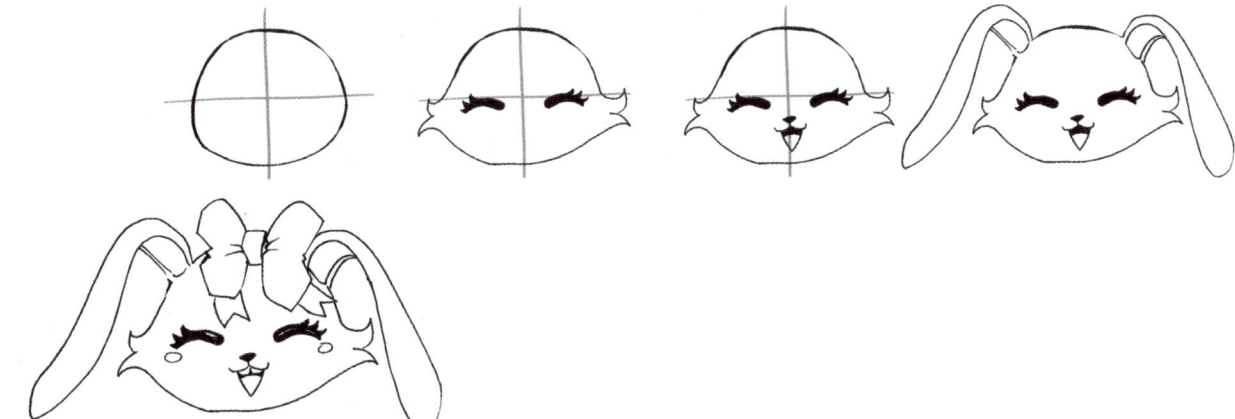

Mascota
conejita

Esta conejita luce un bonito lazo
en la cabeza. Añade pelaje a
ambos lados de la cara, utiliza
trazos gruesos para representar
los ojos cerrados y dibújale una
pequeña boca sonriente. Con
esas grandes orejas y sus mejillas
sonrosadas, dan ganas de
acariciarla.

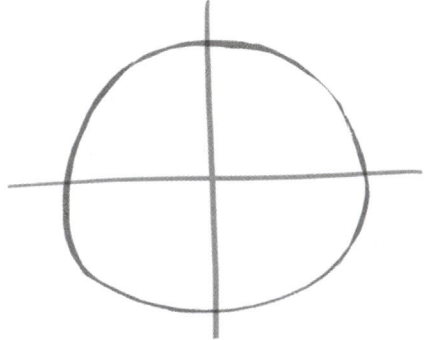

Día **95**

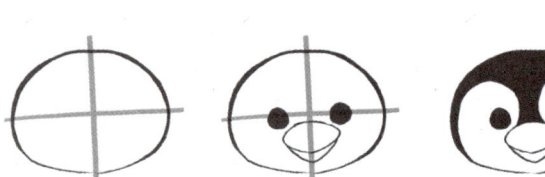  

Mascota pingüino

Comienza con un círculo para la cabeza y una cruz bien centrada que te sirva de guía. Añade las pupilas redondas y negras y el pico del pingüino. Pinta el contorno de negro, dibuja la parte exterior de los ojos y el gorro y termina con los detalles.

Día **96**

Mascota toro

¡Aquí tienes un toro dispuesto a embestir! Traza la figura básica de la cabeza, similar a un escudo. Añade las orejas y luego determina la ubicación del hocico, los grandes ojos apuntados y los cuernos. Puedes darle un toque especial con una cicatriz en medio del rostro (como un rayo).

Día **97**

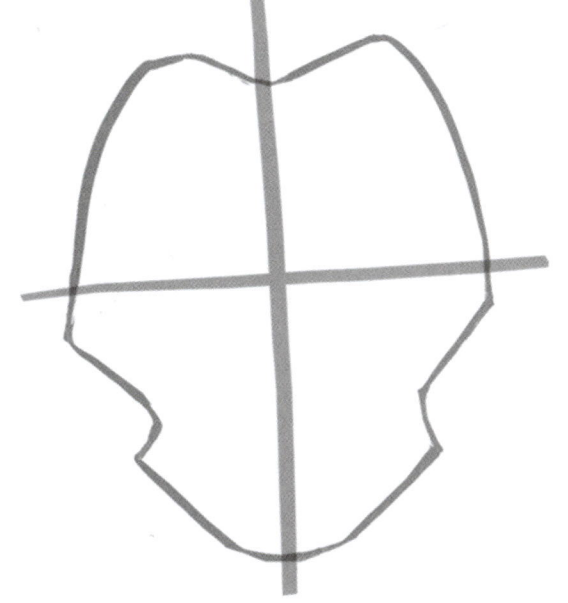

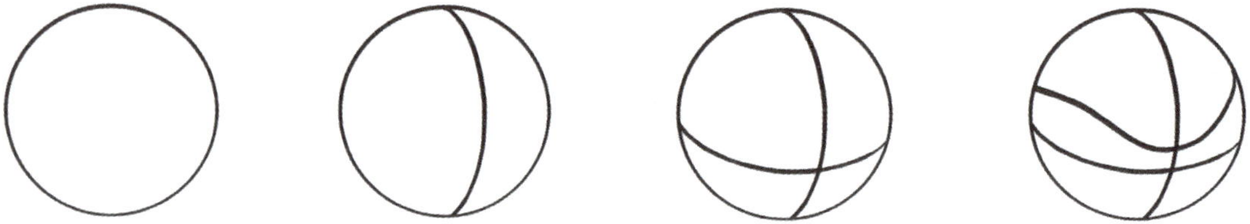

Balón
de baloncesto

Para este balón, dibuja un círculo amplio y traza una línea en forma de media luna justo en el centro y otra perpendicular a ella más abajo. Por encima de esta última, añade una nueva línea sinuosa.

Día **98**

Balón de fútbol

Traza un círculo de buen tamaño y dibuja en su interior hexágonos escalonados. Colorea uno de cada dos para obtener un balón de fútbol.

Día **99**

Vestido de bebé

Esta niñita aparece sentada con un bonito vestido de cumpleaños. Su cabeza es grande en comparación al cuerpo. Dibuja el vestido y luego añádele un muñeco en el brazo. Con la otra mano, puede sujetar un globo. Por último, agrega los detalles del vestido, el pelo y los zapatos.

Día **100**

Mariquita
kawaii

Para dibujar esta mariquita, realiza un óvalo para la cabeza y otro para el cuerpo. Luego traza la línea que divide el cuerpo y los ojos. Por último, representa los puntos negros, las patas y las antenas de este animalillo.

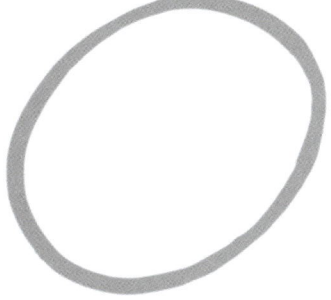

Día **101**

Torii

Esto es un *torii*, una puerta tradicional japonesa. Es muy habitual encontrarlos en Japón, marcando la entrada a los santuarios. Dibuja un medio arco con dos pilares y luego añade los detalles. La parte alta y baja de los pilares es de color negro, mientras que el pórtico es de un bonito rojo bermellón.

Día **102**

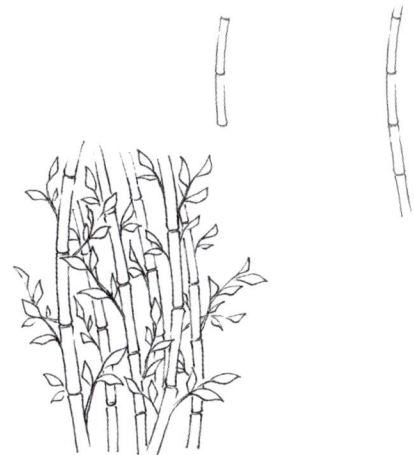

Bambú

Para dibujar plantas de bambú, realiza hileras de tubos apilados. Representa unas cuantas y cúbrelas con hojas.

Día **103**

Sakura

A diferencia de los árboles occidentales, el tronco del *sakura* (cerezo japonés) está vencido hacia un lado. Dibuja primero dos líneas largas e inclinadas con varias ramas que salgan de ellas. Luego añade las hojas alrededor como una nube.

Día **104**

Sakura en flor

Traza dos líneas paralelas irregulares y una rama que se separe de ellas. Añade las flores de *sakura*: cuanto más en primer plano estén las flores, más detalladas deberán ser. Como toque final, realiza trazos curvados y en vertical sobre las ramas para representar la textura de la madera.

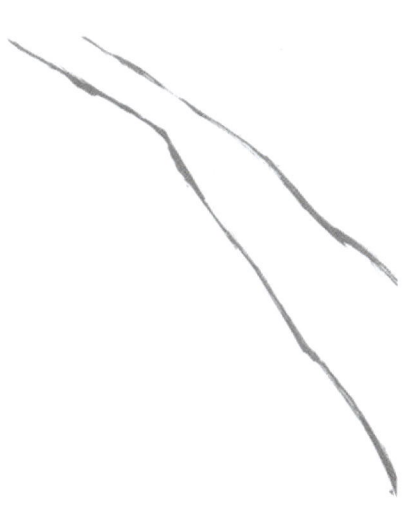

Día **105**

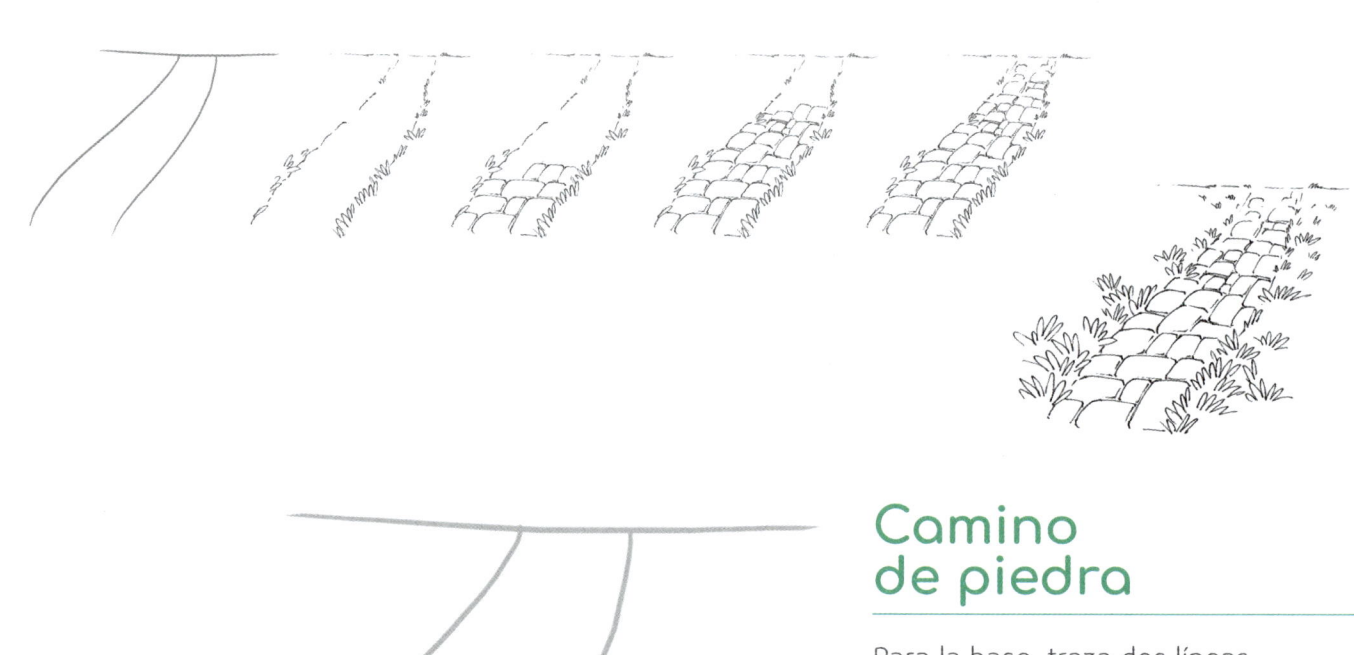

Camino de piedra

Para la base, traza dos líneas curvadas que avancen hacia el horizonte y cúbrelas con hierba y flores. Luego añade los adoquines en el interior del camino, de forma ajedrezada y del mismo tamaño.

Día **106**

Nube

Dibuja una línea recta que te sirva de base. Añade líneas sinuosas por encima. Varía el diseño de los trazos en cada nube.

Día **107**

Carrera de perfil

El rostro aparece completamente de perfil y el tronco y las caderas están muy inclinados hacia delante. La expresión del rostro indica determinación. La pierna adelantada va acompañada del brazo opuesto, para guardar el equilibrio.

Día **108**

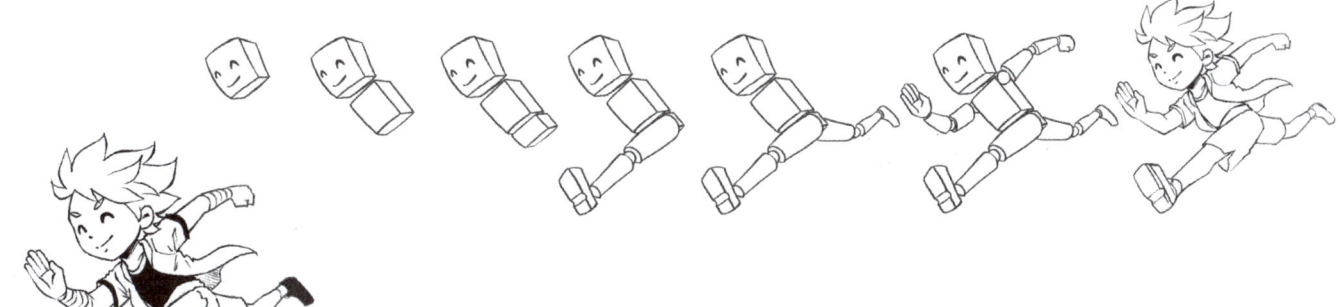

Carrera en ángulo de ¾

Este muchacho corre por diversión. El tronco y las caderas están ligeramente inclinados. Deberás dibujar el rostro en ángulo de ¾.

Día **109**

Zapatilla deportiva

Para dibujar una zapatilla deportiva, empieza por la silueta y luego traza la suela, el talón y la lengüeta. Por último, añade los cordones y los elementos decorativos.

Día **110**

Bota de tacón

Lo primero es dibujar el contorno general. Luego llega el momento de añadir los distintos elementos: la lengüeta, la suela, los cordones. Por último, puedes dar al zapato el estilo que prefieras.

Día **111**

Rostro de perfil

El contorno de un rostro de perfil debe ser detallado. Hay que dibujar la forma de la nariz y los labios y no olvidarse de acentuar la curvatura a la altura de los ojos.

Día 112

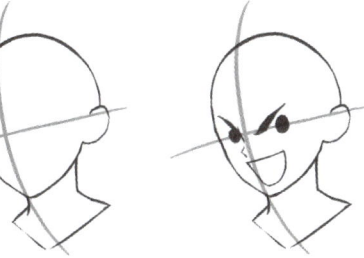

Rostro en ángulo de ¾

Para un rostro en ángulo de ¾, se utiliza la misma base que para un rostro de frente. Los elementos de la cara estarán desplazados a la derecha o izquierda, dependiendo de la dirección hacia la que el personaje gire la cabeza. Un ojo será más grande que el otro, pero ambos se encontrarán a la misma altura.

Día **113**

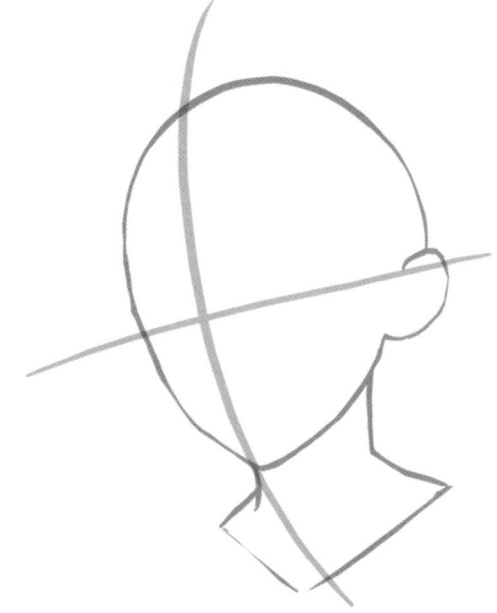

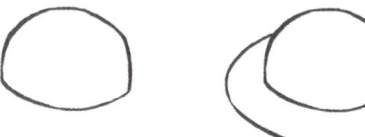   

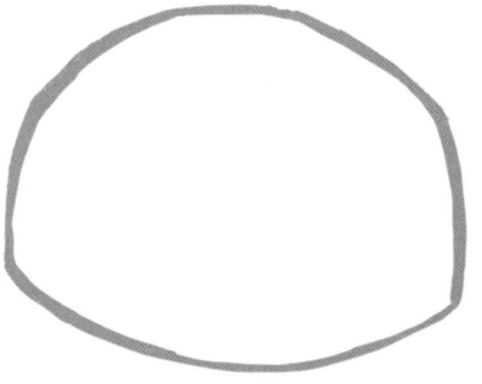

Sombrero de paja

Para representar un sombrero de paja, traza una media esfera y rodéala con un círculo grande y con los bordes irregulares. Una bonita cinta con un lazo y unos trazos que parezcan briznas de paja darán el toque final al dibujo.

Día **114**

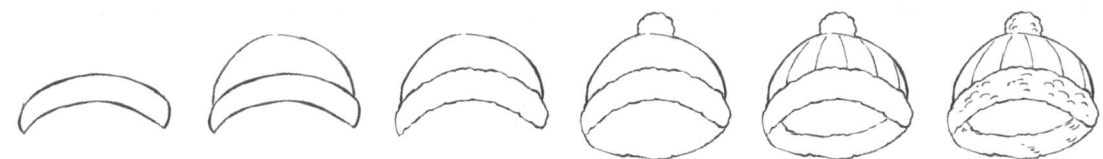

Gorro

El gorro se compone de una banda en semicírculo y una media luna menos ancha pero más alta. Añade las rayas y decóralo con un pompón.

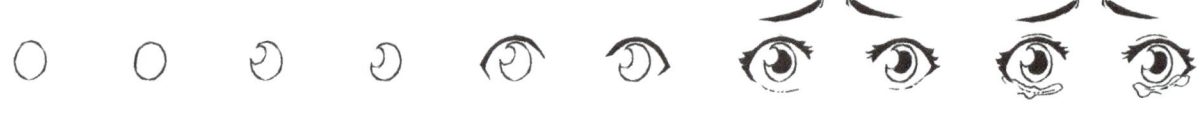

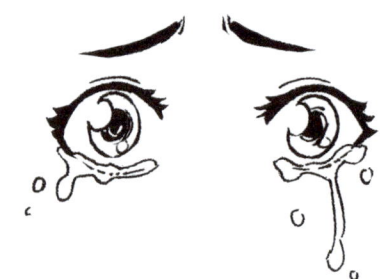

Ojos tristes

Unas grandes pupilas negras con círculos blancos de distintos tamaños para aportar brillo y un aspecto lacrimoso a los ojos: he aquí una mirada perfecta para un personaje triste. Curva las cejas hacia arriba y dibuja lágrimas para acentuar la tristeza.

Día **116**

Ojos decididos

¡Tu personaje está listo para la acción!
Para representar unos ojos decididos,
sustituye las pupilas por llamas. Esto
intensifica la mirada. Dibuja las cejas
fruncidas y gruesas para acentuar su
determinación.

Día **117**

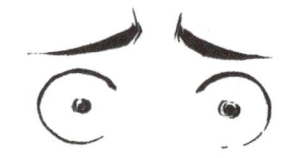
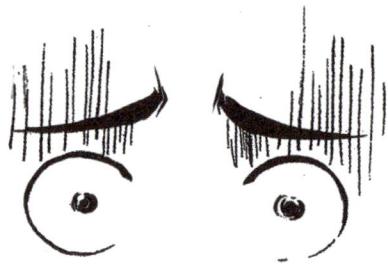

Ojos asustados

Si tu personaje tiene miedo, sus pupilas deben ser diminutas, como un puntito negro en el centro de cada ojo. Amplía el contorno de los ojos para conseguir unas escleróticas más grandes, curva las cejas hacia arriba y añade trazos verticales encima de los ojos para acentuar la emoción.

Día **118**

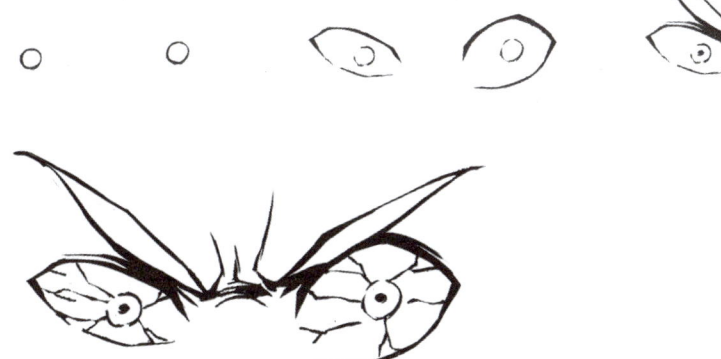

Ojos de psicópata

Para conseguir una mirada psicópata, puedes dibujar un ojo más grande que el otro, con las pupilas pequeñas y unas cejas fruncidas y gruesas. Añade trazos temblorosos en las escleróticas para representar las venas.

Día **119**

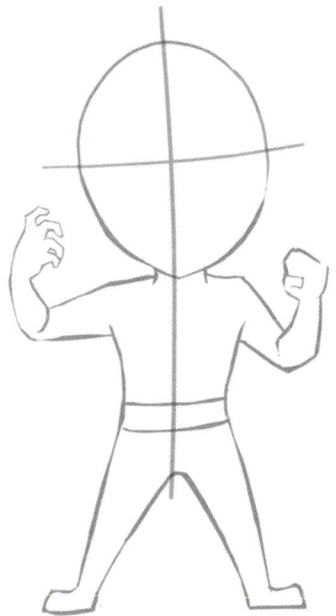

Chibi en llamas

Para este *chibi* en llamas, dibuja una cabeza redondeada con el mentón ligeramente afilado y unos grandes ojos blancos sin pupilas para darle una apariencia más malvada. Cejas espesas y fruncidas, una sonrisa maquiavélica, cuernos, uniforme de combate, cabello en llamas... ¡y listo!

Día **120**

Demonio de fuego

Representa este malvado personaje con el cuerpo encorvado hacia un lado. Tiene el rostro afilado, unos enormes ojos triangulares, dientes y grandes orejas puntiagudas. Por último, añádele prendas desgarradas, largos cabellos en forma de llamas, esposas en las muñecas y un ataque de fuego listo para ser lanzado.

Día **121**

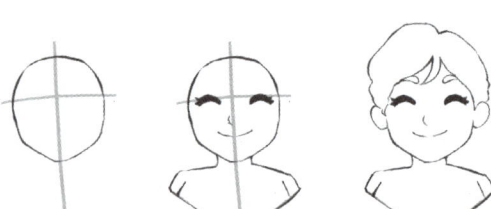

Abuela

Para dibujar una abuela, comienza con una típica cabeza manga, añádele algunos detalles y sobre todo ¡ponle arrugas! Cuantas más arrugas tenga el personaje, más anciano será. Para acentuar su personalidad, no dudes en colocarle gafas, un moño, pendientes de perla...

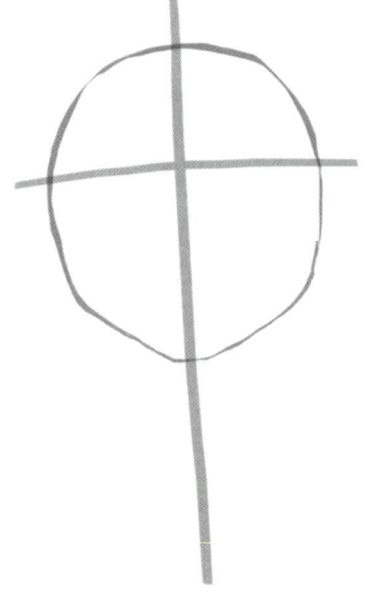

Día **122**

Abuelo

Un abuelo también tendrá arrugas. Refleja el carácter anciano del personaje con una bufanda, un jersey, una gorra, etc.

Día **123**

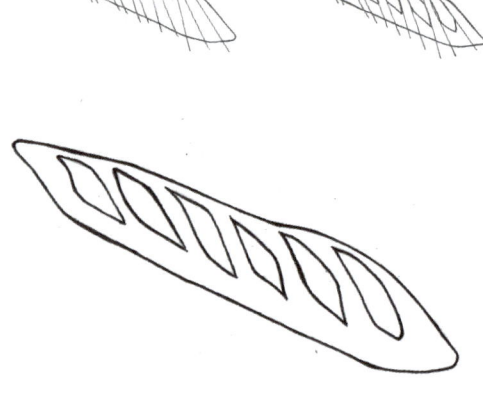

Baguette

La *baguette* tiene forma alargada y es más fina en los extremos. A lo largo de la barra, las hendiduras del pan están alineadas de forma paralela. ¡Los japoneses adoran el pan francés!

Día **124**

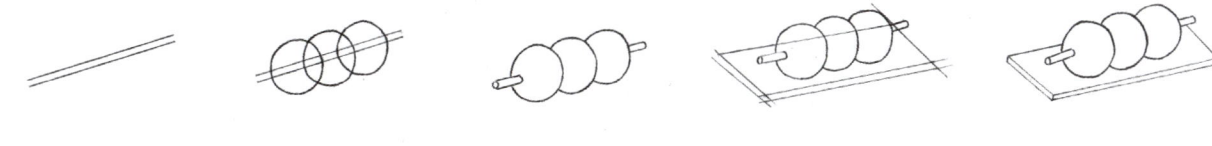

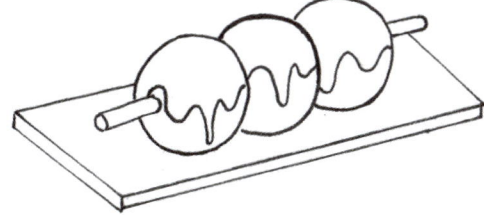

Brocheta
de *dango*

La brocheta de *dango* puede dibujarse
con tres círculos atravesados por
un cilindro muy fino que representa
el palo. Suele estar formada por
tres bolas de arroz: una blanca que
simboliza el fin del invierno, una rosa
que recuerda las flores del cerezo y
una verde para celebrar la llegada de
las hojas de primavera.

Día **125**

Pedazo de tarta

El pedazo tiene forma triangular. Representa varias capas en el corte del pastel añadiendo líneas horizontales. El plato es cuadrado.

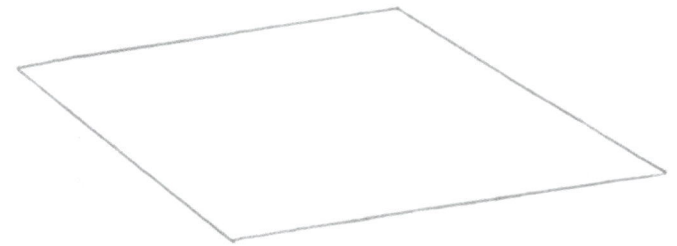

Día **126**

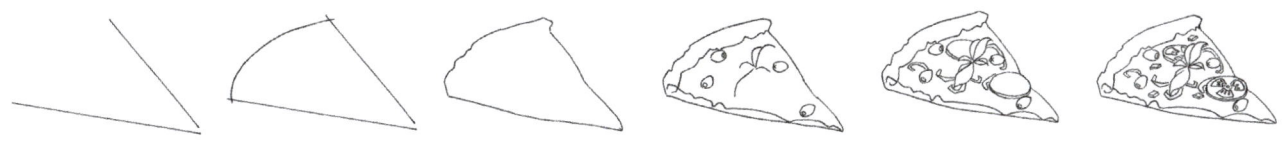

Porción de pizza

En primer lugar, dibuja una figura triangular con el lado más pequeño curvo. Luego añade formas geométricas variadas para representar los distintos ingredientes, como las aceitunas o la cebolla.

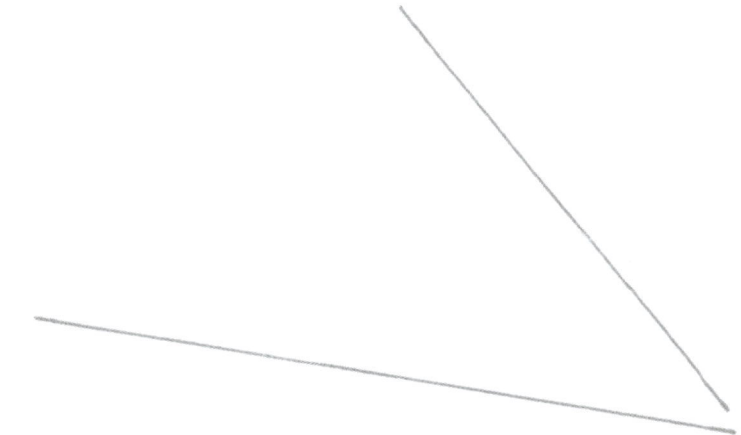

Día **127**

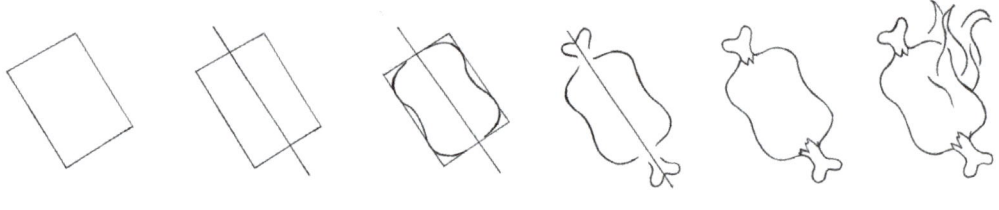

Carne humeante

La carne se representa con una figura más bien rectangular. El hueso es un cilindro que atraviesa la forma base de arriba abajo y que termina con una especie de corazón en cada extremo.

Día **128**

Tacos

Para dibujar un taco se parte de dos semicírculos. El relleno ocupa el espacio que queda entre ellos. La servilleta, de forma triangular, se amolda al taco por debajo.

Día **129**

Zorro

Las orejas del zorro son más grandes que su cabeza y la cola es más larga que el cuerpo. Es un animal con pelaje denso: la cola y el torso serán por tanto anchos, mientras que las patas parecerán finas.

Día **130**

Tigre

Para representar un dulce tigre, no dudes en dibujarle unos ojos grandes y un cuerpo pequeño, como un *chibi*. Las rayas del tigre son simétricas a lo largo de todo su cuerpo, pero cuanto más cerca de las patas, menos tiene.

Día **131**

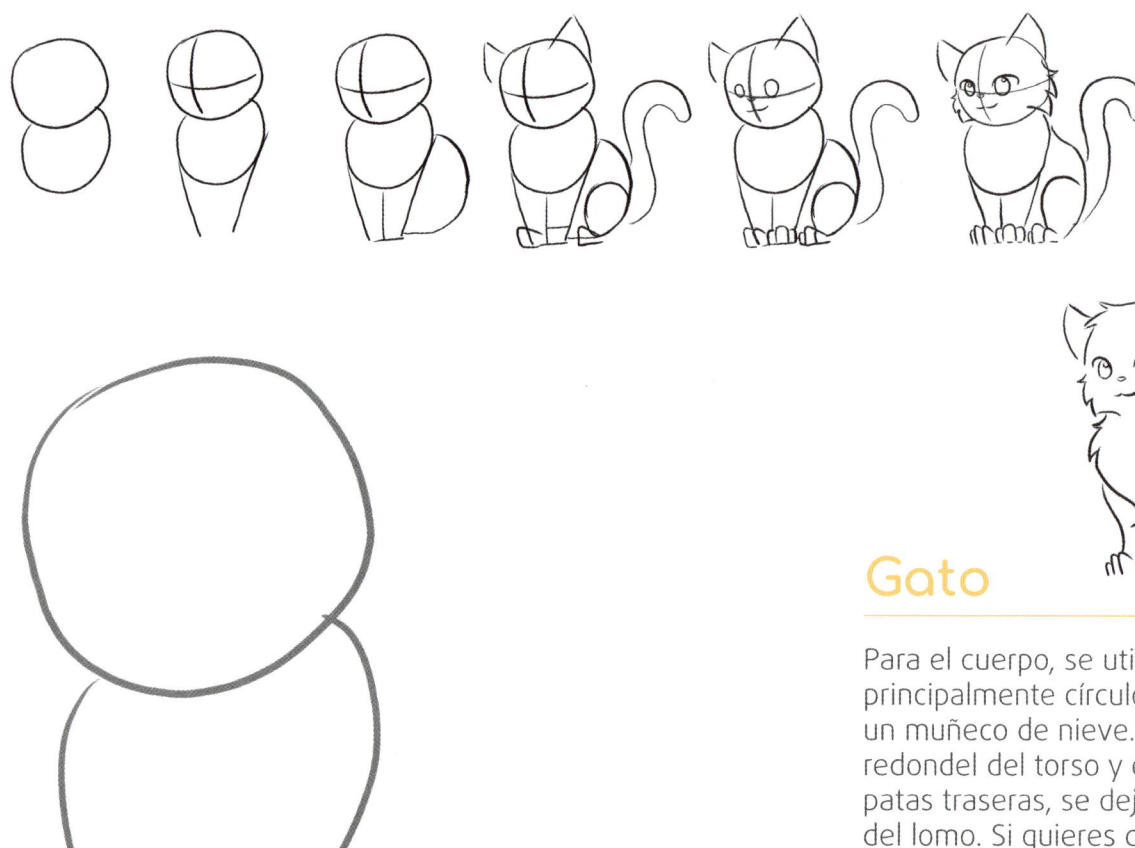

Gato

Para el cuerpo, se utilizan principalmente círculos, como un muñeco de nieve. Entre el redondel del torso y el de las patas traseras, se deja el hueco del lomo. Si quieres dibujarle un pelaje espeso, el pelo ocultará el lomo.

Día **132**

Lobo

Debido a su musculatura, el lobo es un animal de formas cuadradas. La mandíbula equivale a la mitad de la cabeza, tanto de ancho como de largo. El ojo está situado a continuación del morro, ya que está en ángulo de ¾.

Pájaro

Las plumas del pájaro se agrandan a medida que se aproximan al centro del cuerpo, como los dedos de la mano. Las patas tienen el extremo en forma de círculo y luego se van afinando.

Día **134**

Lechuza

El ala de la lechuza está dividida en dos partes, como un brazo. Las plumas se juntan todas en la unión del ala.

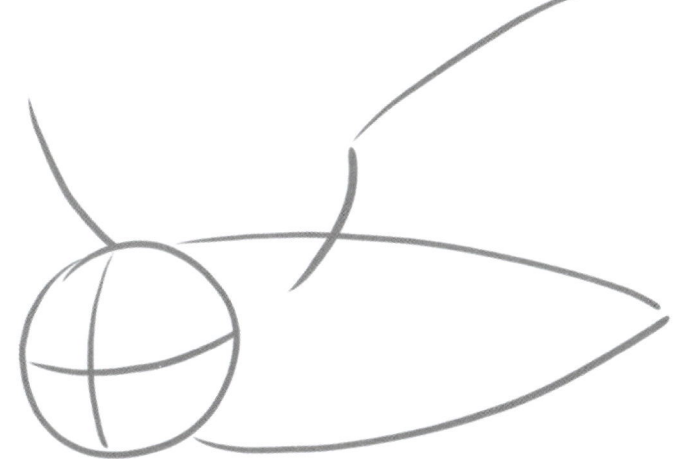

Día **135**

Coche

¡Un coche permitirá a tus héroes aproximarse lo máximo posible a sus objetivos! Comienza por la figura general del habitáculo y luego dibuja las ruedas y las portezuelas. Continúa con las ventanillas, los faros y los retrovisores y termina con el parachoques.

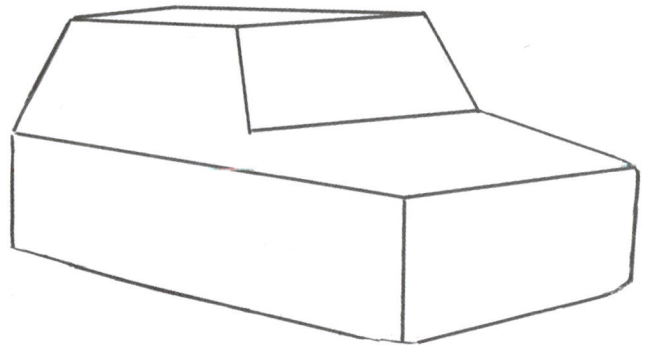

Día **136**

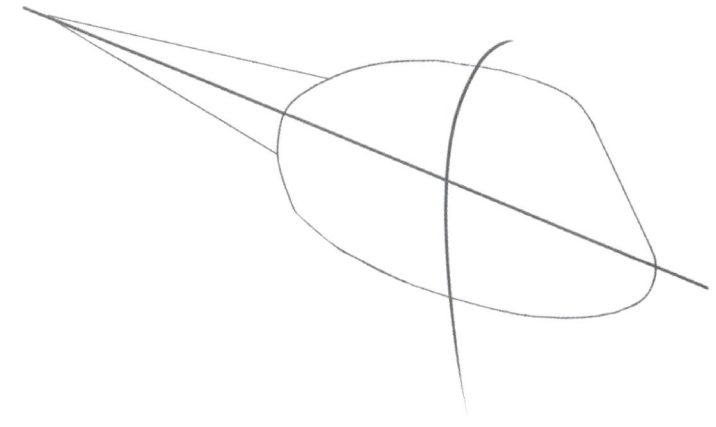

Helicóptero

Un helicóptero está formado por dos grandes volúmenes: el habitáculo y la cola. Añade a continuación los patines, así como las portezuelas y las ventanillas. Termina con las palas y algunos detalles ¡para que tu helicóptero sea único!

Día **137**

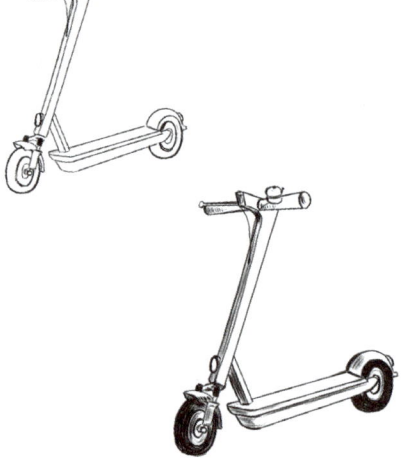

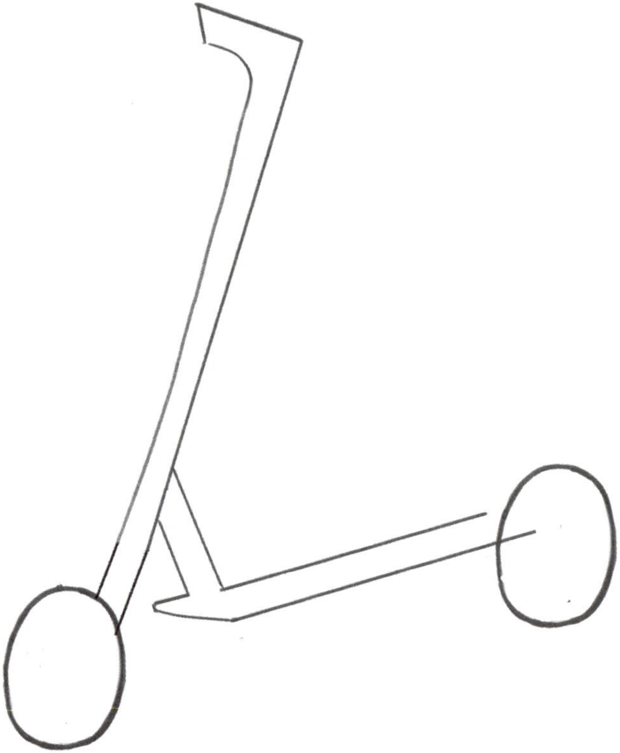

Patinete

¿Hay algo mejor que un patinete eléctrico para desplazarse? Dibuja primero la base del patinete y luego las ruedas. Representa los volúmenes y añade los manillares, el freno, los faros y los guardabarros de las ruedas.

Día **138**

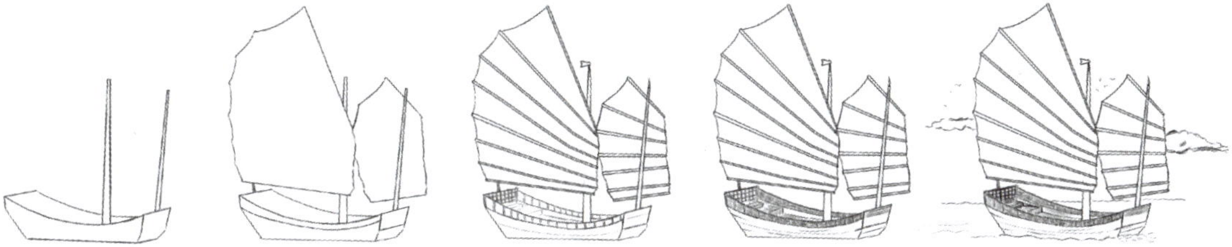

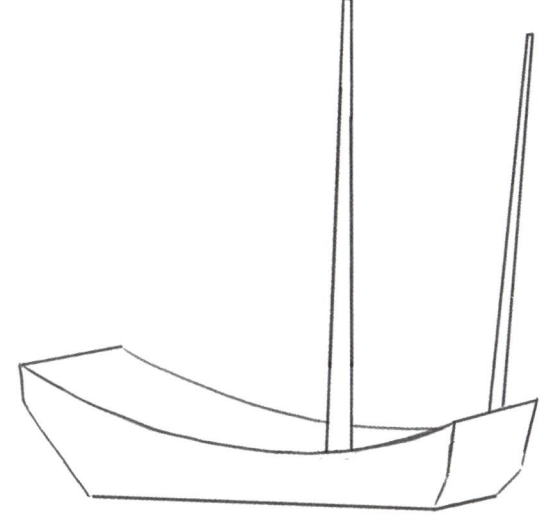

Barco

Para dibujar este barco, empieza por el casco y los dos mástiles. Añade luego las dos velas, así como la estructura que permite replegarlas. Remata la cubierta del casco y ¡tu barco estará listo para grandes aventuras!

Día **139**

Ataque de risa

Para este rollizo personaje en ángulo de ¾ que se ríe, dibuja un rostro algo grande y un cuello bastante corto. Luego representa los ojos cerrados y con lágrimas de risa y una boca amplia. Añade los detalles del rostro y el pelo y termina con algunas gotitas que acentúen la carcajada.

Día **140**

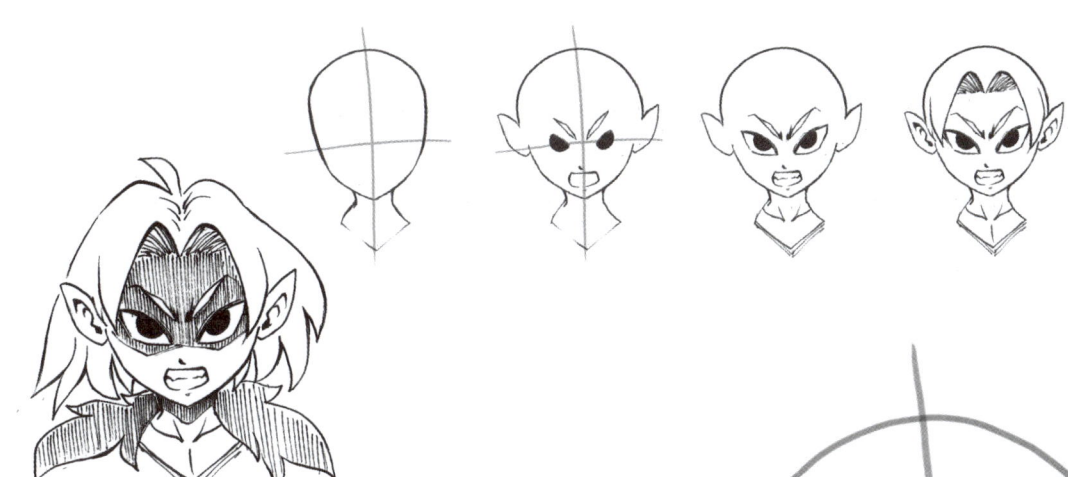

Cólera

Este duende está furioso: sus ojos triangulares se inclinan hacia abajo y tiene las cejas fruncidas. No olvides las orejas puntiagudas. Para enfatizar la cólera, puedes añadir trazos verticales en la parte superior del rostro y los hombros.

Día **141**

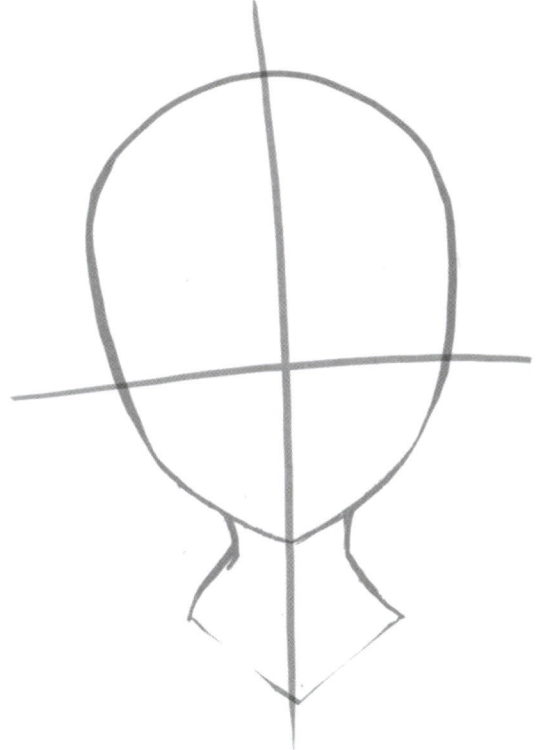

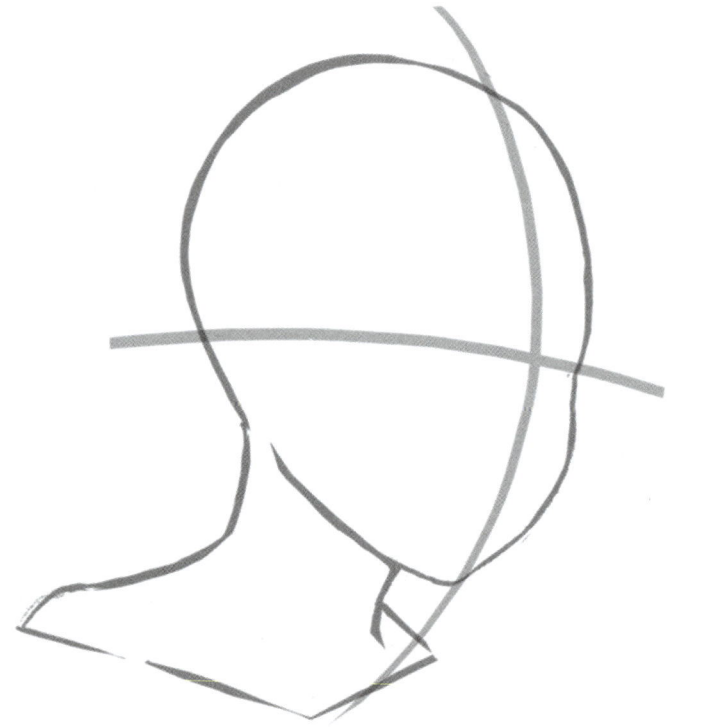

Tristeza

Esta chica llora desconsoladamente. Tiene la boca muy abierta, las pupilas grandes y redondas y las cejas casi horizontales. Incorpora brillos en los ojos abiertos de par en par y grandes lágrimas rodando por las mejillas.

Día **142**

Timidez

La cabeza ligeramente ladeada, los ojos entreabiertos y una sonrisa discreta: un bonito retrato de una mujer ruborizada. Las cejas algo curvadas hacia arriba y los trazos en diagonal bajo los ojos acentúan su timidez. Como toque final, dibuja el pelo sujeto a un lado con una bonita flor.

Día **143**

Fascinación

Representa los ojos de esta muchacha fascinada en forma de estrella y dibújale una boca bien abierta. Añádele unos pequeños trazos bajo los ojos a modo de rubor. Una vez terminado el pelo, agrega el gorro, la ropa y unas cuantas estrellas alrededor.

Día **144**

Alegría

Este joven que se ríe tiene los ojos entornados, la boca muy abierta y las cejas alzadas. Los trazos en diagonal acentúan su alegría.

Día **145**

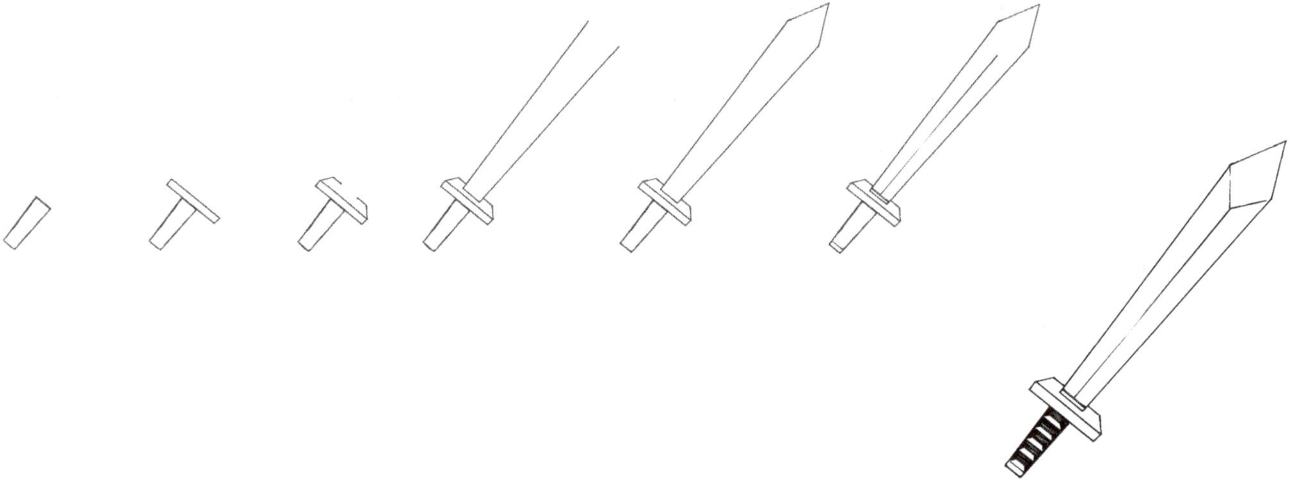

Espada de guerrero

Empieza por la empuñadura de la espada y luego añade, de forma perpendicular, la guarda. Da volumen a la guarda, incorpora la hoja y finaliza con los detalles de la empuñadura.

Día **146**

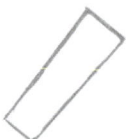

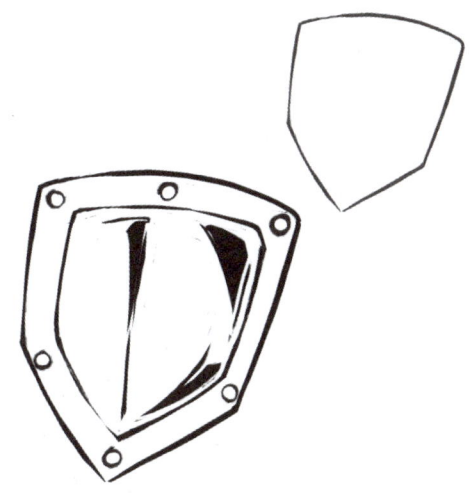

Escudo

Un escudo es como un pentágono con la línea superior ligeramente curva. Traza un segundo pentágono en el interior y añade los detalles: remaches, blasones, insignias...

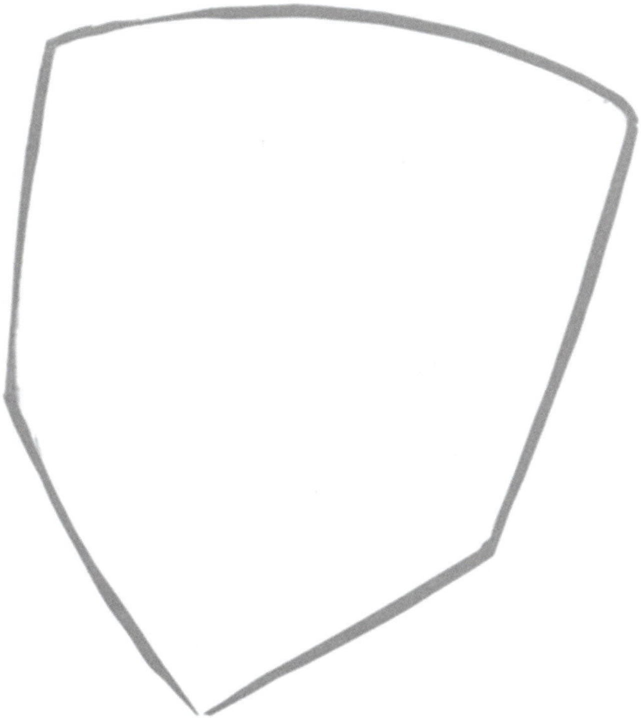

Día **147**

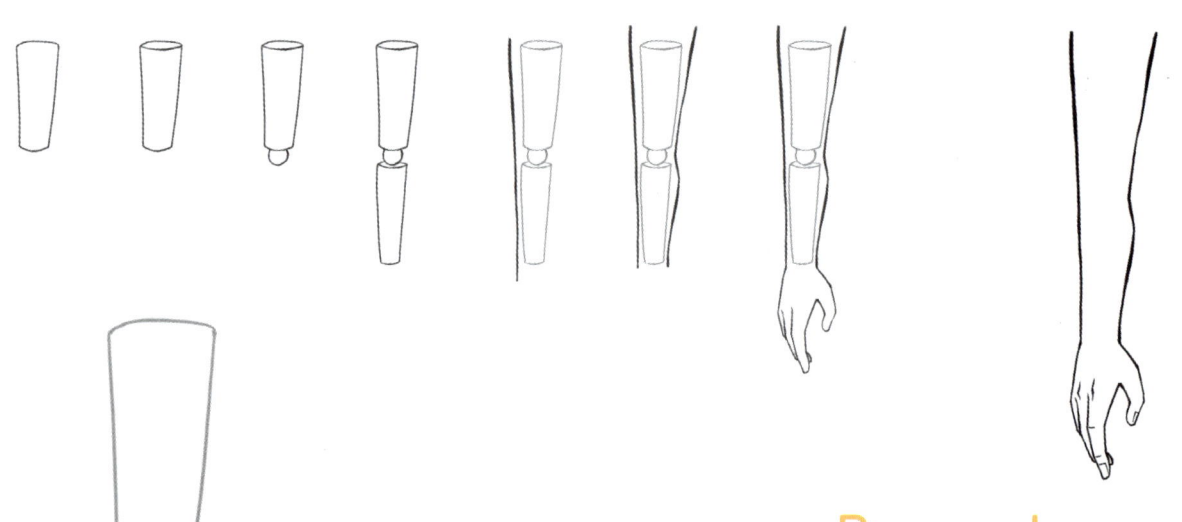

Brazo de perfil

Empieza dibujando una especie de cubilete grande para la parte superior del brazo. Traza un círculo por debajo y un nuevo cubilete algo más estrecho. En la parte exterior añade una línea recta y en la interior, una línea con curvatura a la altura del codo y el antebrazo. Esto aporta relieve.

Día **148**

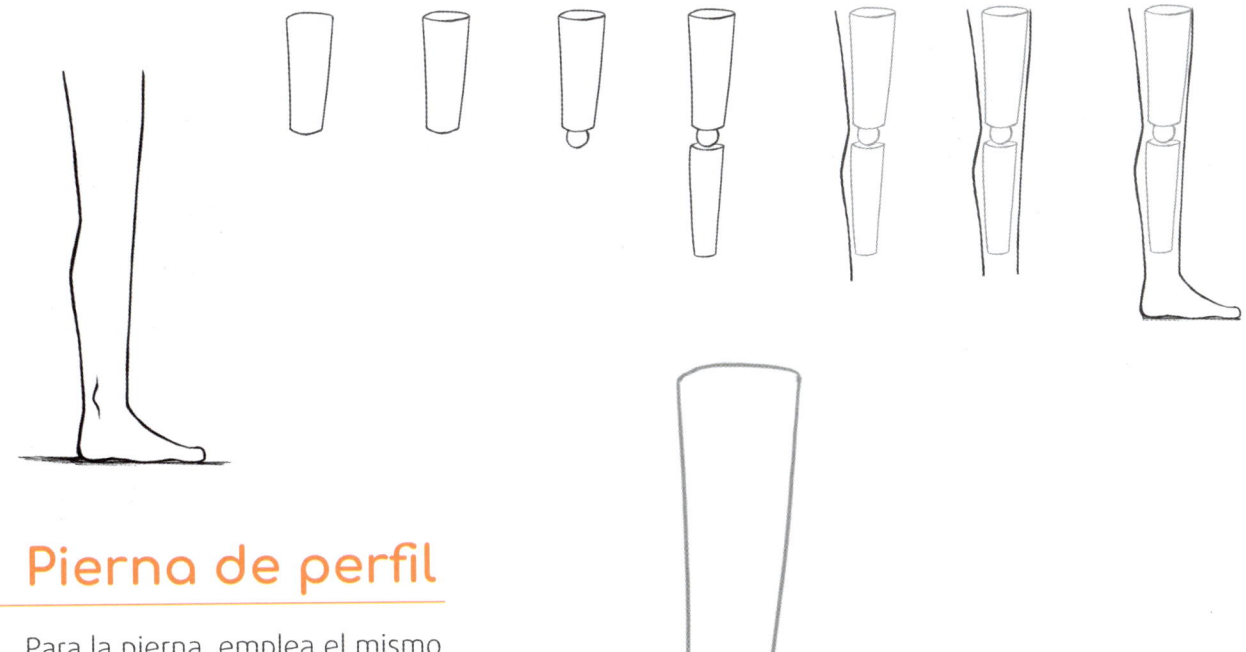

Pierna de perfil

Para la pierna, emplea el mismo método que para el brazo, pero trazando cubiletes más largos y anchos. Luego dibuja un trazo exterior recto y un trazo interior con curvas que representen la pantorrilla, el tobillo y el talón.

Día **149**

Super
Mango Man

Para este superhéroe de frente, parte de un tronco ancho y añádele unas piernas separadas. ¡Es una postura de héroe genial! Luego puedes divertirte con los detalles y, por supuesto, no te olvides de los abdominales.

Día **150**

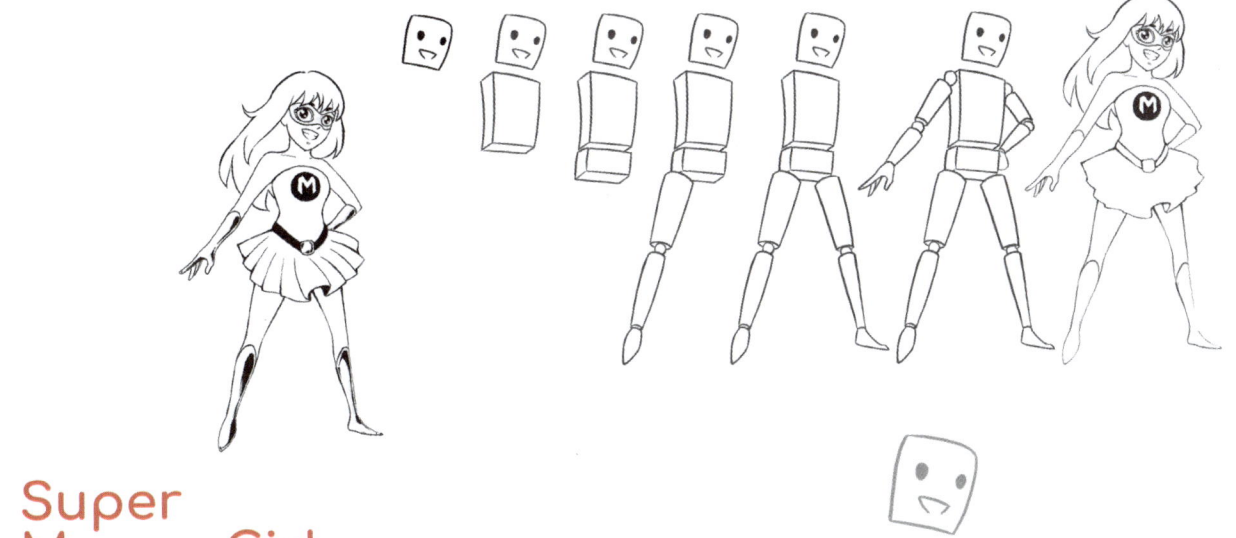

Super Mango Girl

Esta superheroína con el cuerpo ligeramente ladeado está lista para la pelea, sin perder jamás la sonrisa. Añádele una máscara para ocultar su identidad y ¡ya está!

Día **151**

Personaje en ángulo de ¾

Este joven en ángulo de ¾ camina con la pierna delantera estirada y la pierna trasera flexionada. Lleva una mano en el bolsillo, con la otra saluda y muestra una actitud completamente relajada.

Día **152**

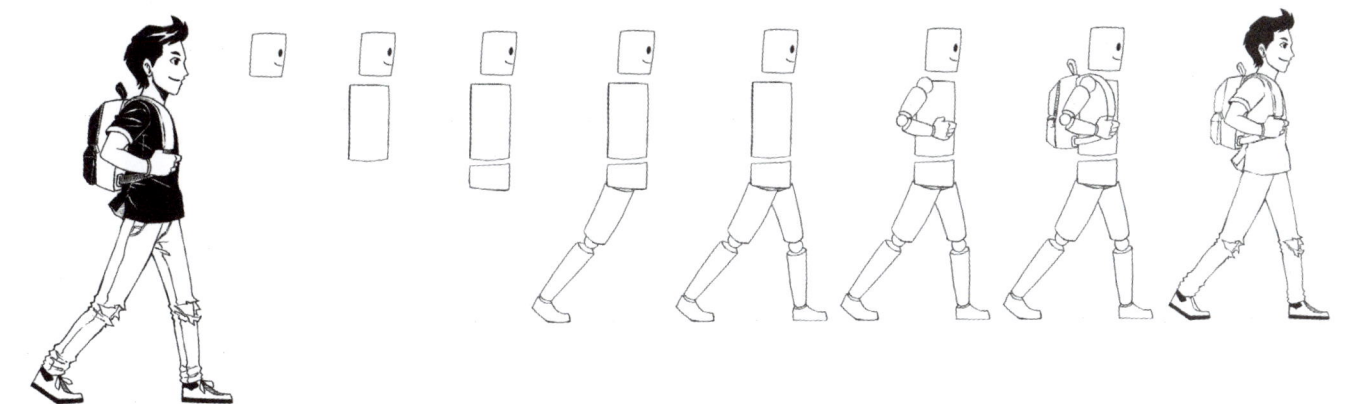

Personaje
de perfil

El rostro de este joven está totalmente de lado, al igual que el torso y las caderas.
La pierna trasera aparece ligeramente flexionada, mientras que la delantera está estirada y apoyada en el pie.
El personaje tiene un brazo doblado, con el codo hacia atrás para que la mano agarre la correa de la mochila.

Día **153**

Hurón

El cuerpo del hurón es muy largo y estilizado. Puedes exagerar su longitud para darle un aspecto divertido. Presta atención a la cabeza, que es un poco más pequeña que el torso. En cuanto a las patas, están tan separadas como el ancho del torso.

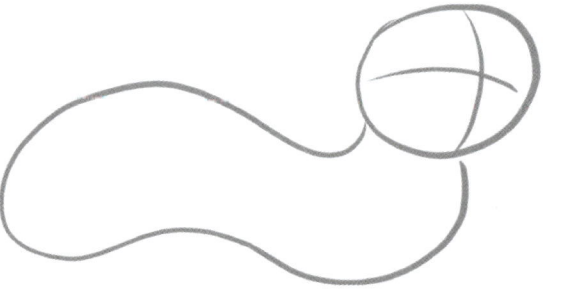

Día **154**

Oso

El oso está de frente, de modo que empieza por la parte delantera de su cuerpo. Como las patas son gruesas pero planas, los dedos estarán situados bastante abajo. Está en movimiento, así que marca el hueco entre los hombros.

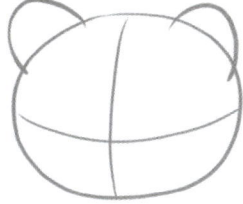

Día **155**

Serpiente

Para dibujar una serpiente, empieza trazando la línea de la espalda y así no perderte. Dibuja luego el vientre, que se unirá a la espalda. La cabeza presenta un pequeño hueco a la altura de la nariz.

Día **156**

Conejo

Este animal suele estar acurrucado, así que utiliza una base redonda para el cuerpo. Para el largo de las orejas, toma la medida de las patas delanteras. Ten cuidado de no hacerlas demasiado grandes, o ¡te saldrá una liebre!

Día **157**

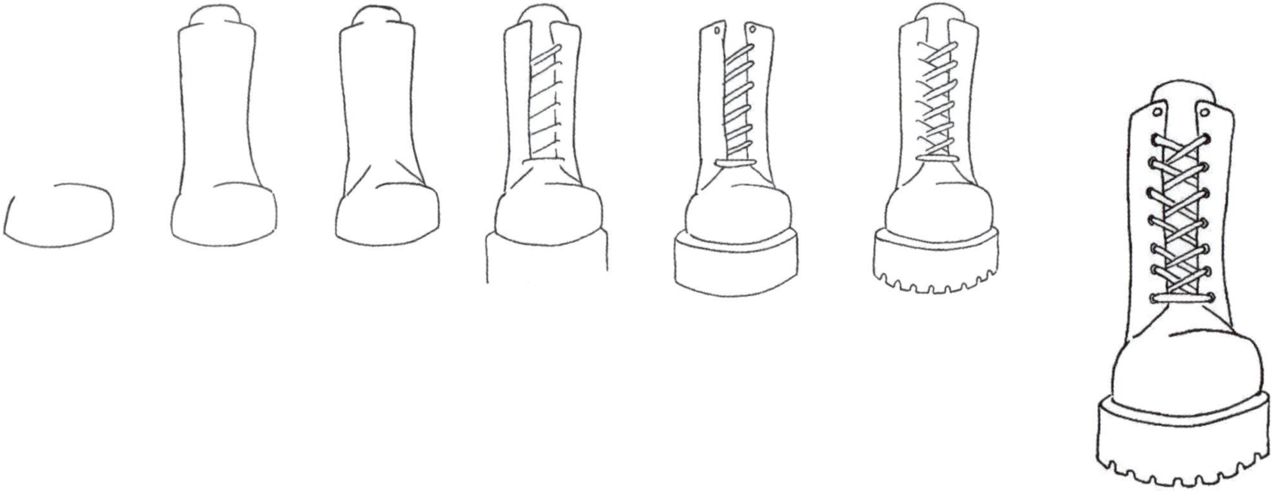

Bota de frente

Este tipo de calzado es bastante alto. Añade una suela gruesa y cordones.

Orejas de gato

Estas orejas de gato que aparecen en numerosos mangas se sitúan por encima de la frente, en la parte alta del cráneo. Tienen forma triangular y su parte baja suele quedar oculta por el pelo.

Día **159**

Maki peleón

Un *maki* karateka, ¿qué te parece? Toma como base un cuadrado con los lados curvos y añádele unos grandes ojos redondos y una boca bien abierta. Dibuja las cejas fruncidas y una buena patada... ¡Que comience la batalla!

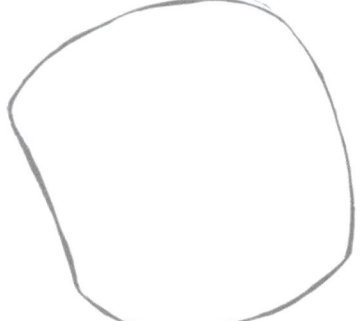

Día **160**

Onigiri peleón

¡*Onigiri* listo para el combate! La base es un triángulo ligeramente redondeado y tridimensional. El rostro luce una expresión amenazante para intimidar al enemigo. Con los brazos en alto y en equilibrio sobre una pierna, ¡está dispuesto a atacar!

Día **161**

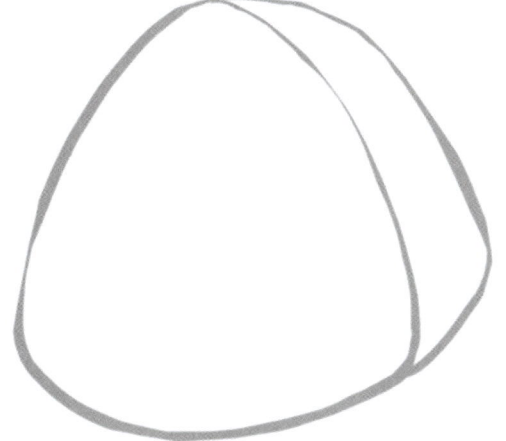

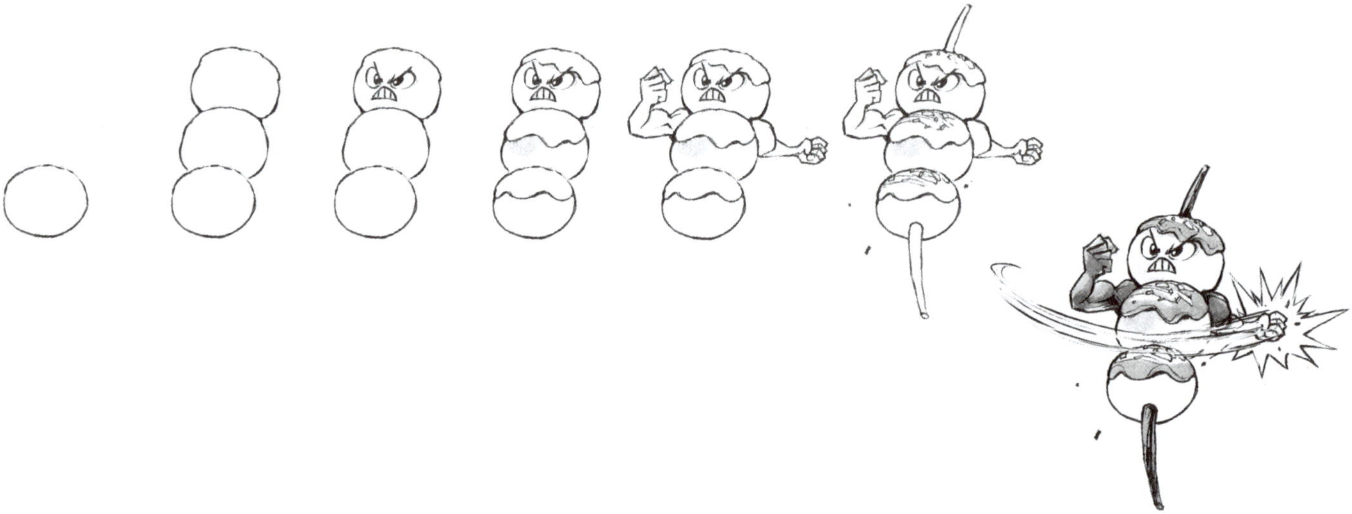

Takoyaki peleón

Esta brocheta de *takoyaki* está enfadada. Se compone de tres círculos apilados. El de arriba representa el rostro encolerizado. Los puños están listos para repartir leña.

Día **162**

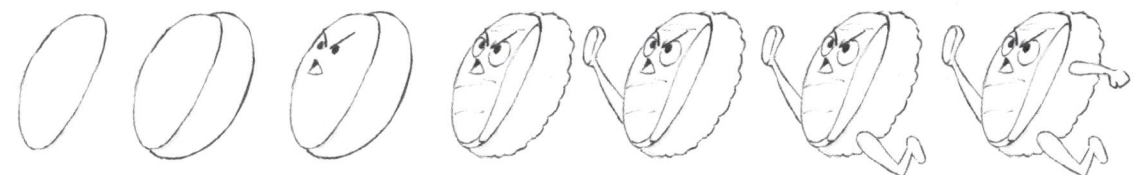

Sushi peleón

La base de este *sushi* es un óvalo envuelto por una media luna. Tiene las cejas fruncidas y la boca triangular, y salta dispuesto a lanzar una patada fatal.

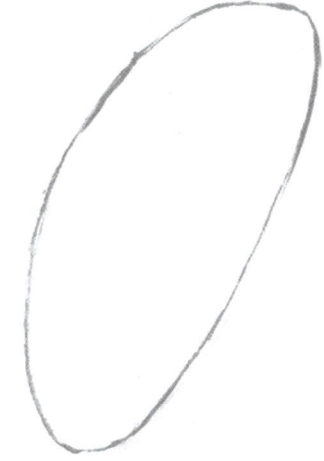

Día **163**

Pelo largo y ondulado

Cuanto más largo sea el pelo, más acentuada será la curva. Tiene que dar la impresión de que los rizos se enroscan sobre sí mismos.

Día **164**

Pelo largo y liso

Para crear una hermosa cabellera, hay que alargar las líneas en dirección al suelo. Cuanto más fino sea el pelo, menos volumen tendrá.

Día **165**

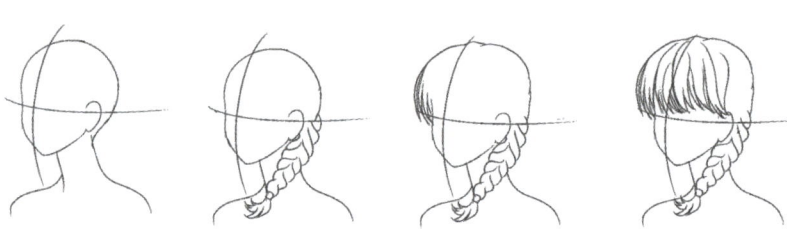

Pelo trenzado

Existen varios tipos de trenzas. En este, la forma en V se consigue trenzando tres mechones, cruzándolos alternativamente hacia fuera. El pelo cae hacia abajo.

Día **166**

Flequillo hacia atrás

La melena, peinada hacia atrás
y sujeta con una diadema,
cae a derecha e izquierda de
la cabeza. La raíz del pelo se
dibuja con pequeños zigzags.

Día **167**

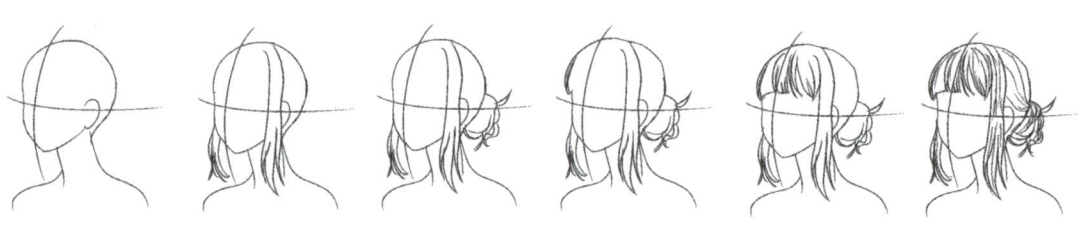

Moño

Este peinado es adecuado para despejar la nuca. Para darle un aspecto natural, dibuja las puntas que sobresalen del moño de forma irregular.

Día **168**

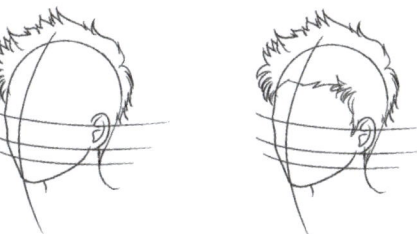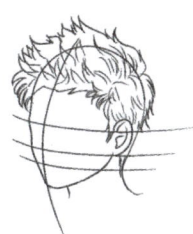

Pelo levantado

Gracias a la gomina, el pelo desafía la gravedad y apunta en distintas direcciones. Cuanto más radical sea el cambio de dirección entre los mechones, más despeinado o desordenado parecerá el pelo. Dibuja el cabello separado por una raya que corte el lateral del cráneo.

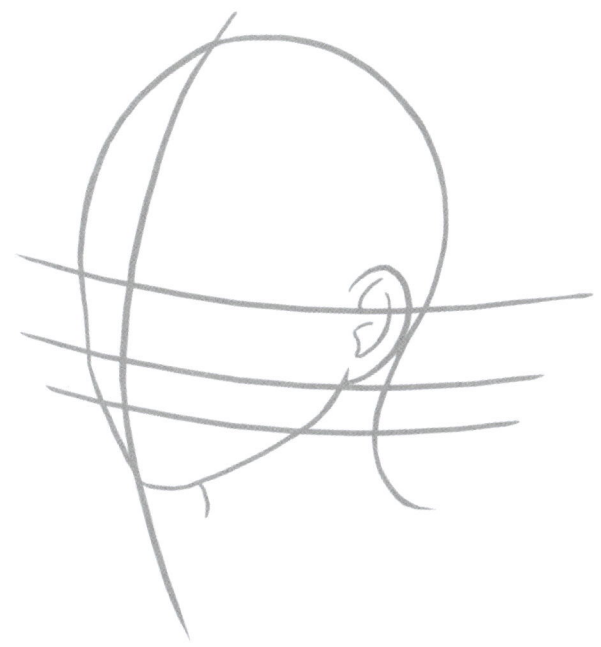

Día **169**

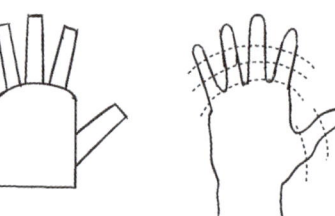

Palma
de la mano

Dibujar una mano no es tan sencillo. No todos los dedos tienen la misma longitud: el más largo es el dedo corazón, seguido del anular y el índice. El pulgar debe representarse un poco separado, a un lado.

Día **170**

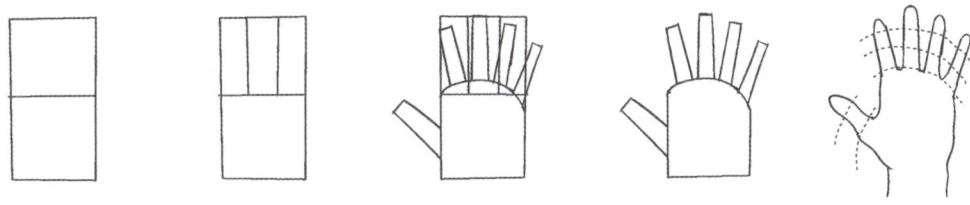

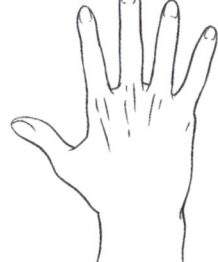

Dorso
de la mano

El dorso de la mano se dibuja casi igual que la palma, pero añadiéndole los tendones, las venas y las uñas. Por supuesto, la palma no se ve.

Día **171**

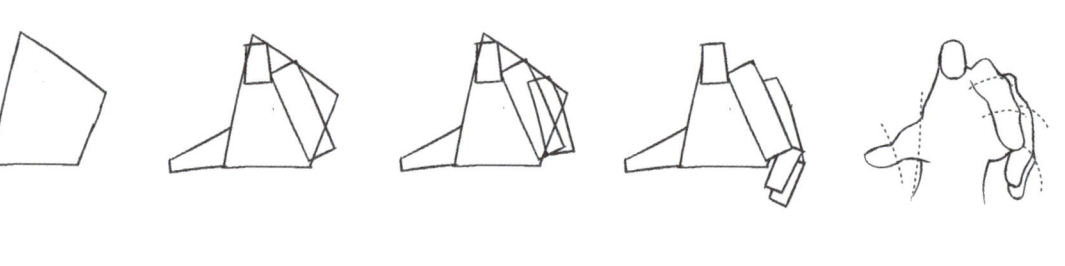

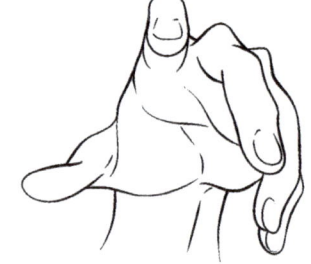

Mano tendida

En esta postura, algunas partes de la mano no se ven. Avanza paso a paso e imagina las zonas ocultas para que el resultado sea realista. Representa primero lo que esté en primer plano o la sección principal del dibujo y luego añade el fondo y los detalles.

Día **172**

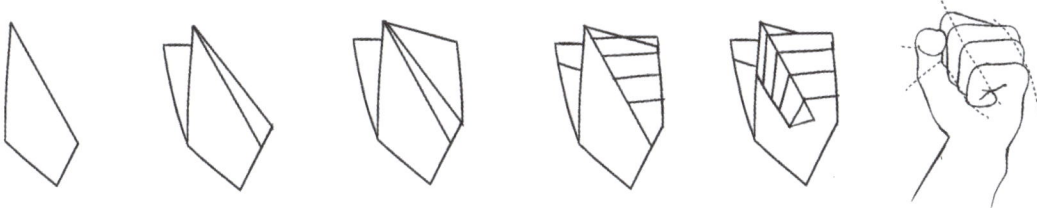

Puño cerrado

En este ejemplo, el puño está apretado con fuerza. El pulgar aparece completamente doblado y se ven los tendones de la muñeca.

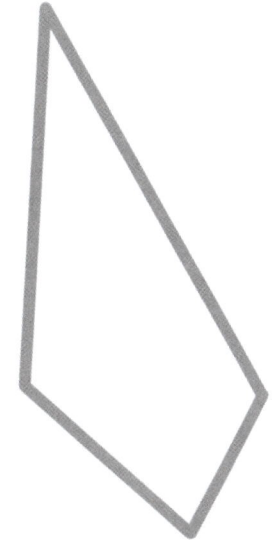

Día **173**

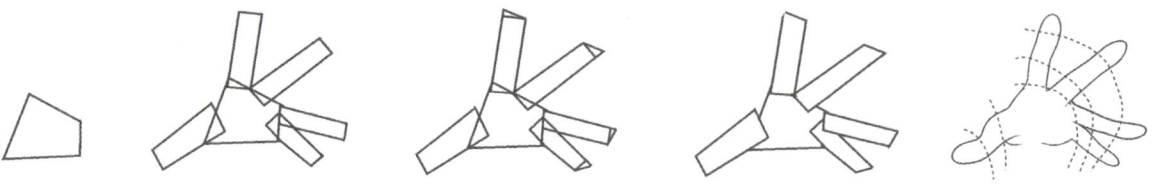

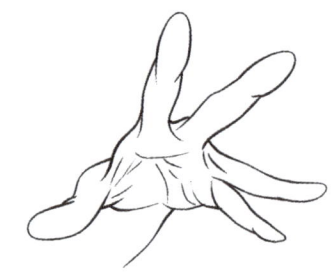

Mano abierta

La distorsión del gran angular deforma los extremos y hace que el centro de la mano parezca más grande. Con esta técnica, tendrás la impresión de que la mano está acercándose a ti.

Día **174**

Ojos manga típicos

Este tipo de ojos no transmite características particulares, pero aporta un aspecto amable y simpático al personaje.

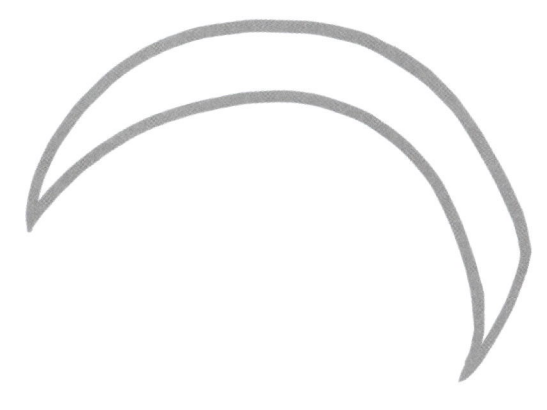

Día **175**

Ojos manga caídos

Este tipo de ojos suele utilizarse para personajes dulces, como las hermanas mayores o las madres. Transmiten una imagen responsable y tierna.

Día **176**

Ojos manga redondeados

Este tipo de ojos resulta adecuado para personajes entusiastas y enérgicos: deportistas, charlatanes, etc.

Día **177**

Mascota zorro

Para la base, dibuja un círculo con la parte baja achatada. Añade unas grandes pupilas redondas, una pequeña nariz en forma de triángulo invertido y una boca amplia y abierta. También orejas apuntadas, ojos almendrados, unos pequeños colmillos y ¡por supuesto, bigotes! Ya tienes tu zorro pizpireto.

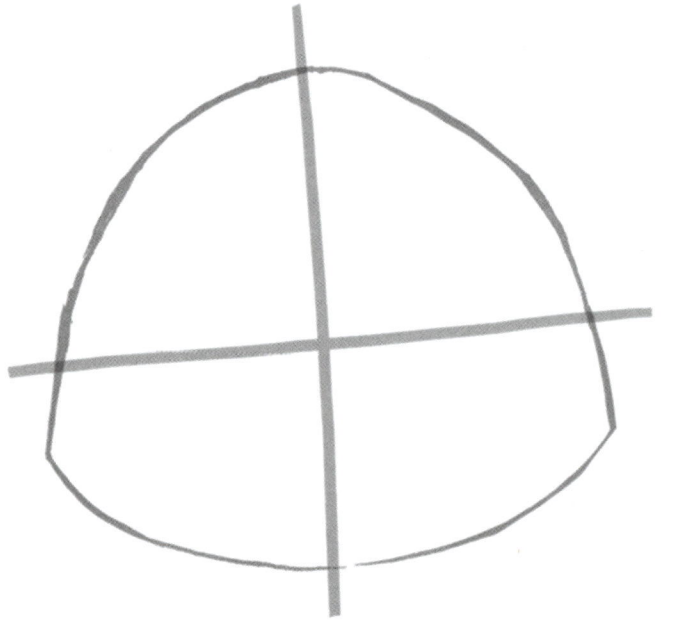

Día **178**

Mascota zorro demonio

Para este maléfico zorro, utiliza la misma base que para el anterior. Las orejas están más bajas porque tiene dos cuernos en lo alto de la cabeza. El contorno de los ojos es negro y las pupilas se limitan a dos trazos gruesos y verticales. Agrégale una cicatriz en un ojo para que asuste a sus enemigos y una sonrisa socarrona.

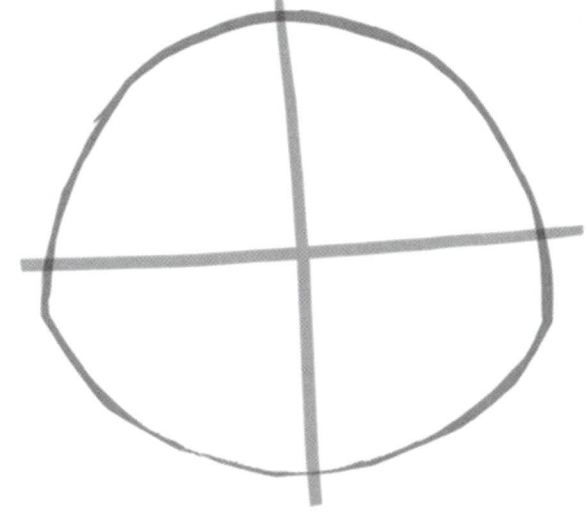

Día **179**

Mascota erizo

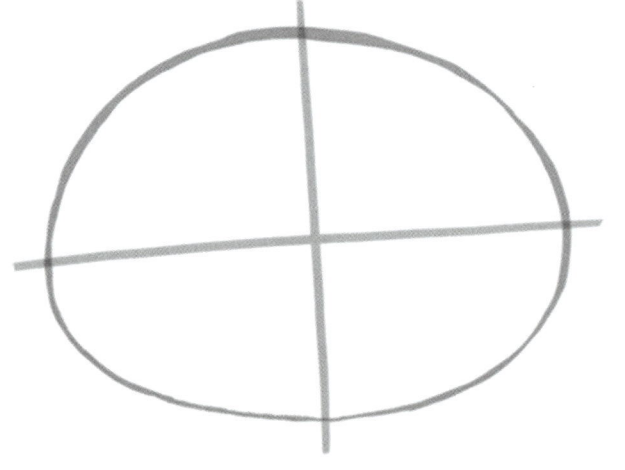

Traza un círculo ligeramente ovalado para la base y unos redondeles para la nariz y los ojos. Dibuja un contorno peludo en la cara y rodéalo con púas. Añade brillos en los ojos y remata el pequeño erizo con dos círculos en las mejillas.

Día 180

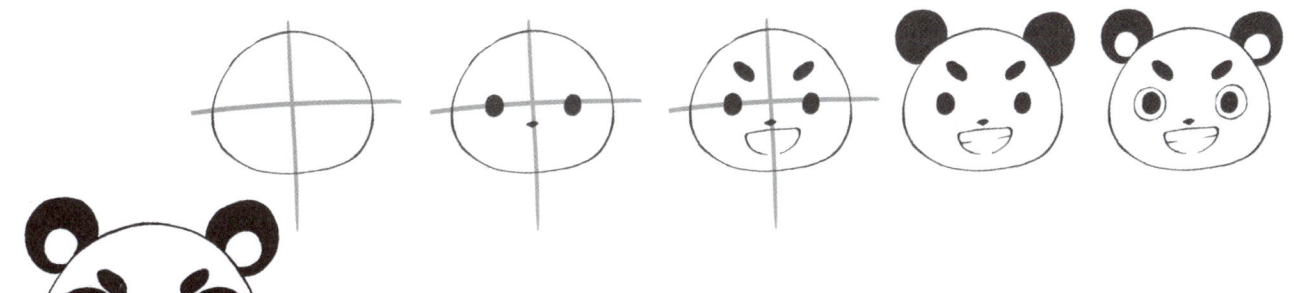

Mascota panda

Sobre la base, dibuja dos pupilas redondas y negras. Añade un pequeño triángulo para la nariz y unas cejas gruesas. Para las orejas, no dudes en jugar con el negro y el blanco.

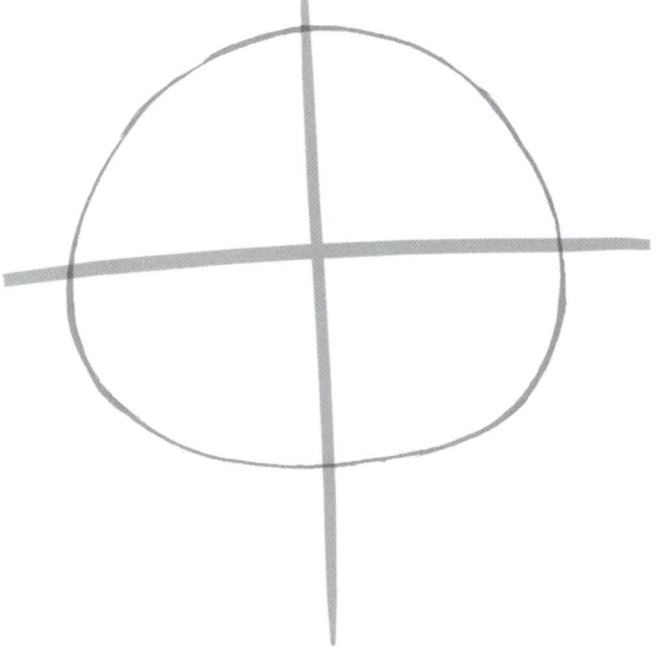

Día **181**

Panda samurái

Dibuja el rostro del panda. A continuación, añade el cuerpo y vístelo con un largo kimono. Este maestro panda porta una espada a la cintura. Representa su mano lista para desenvainarla: ¡ten cuidado!

Día **182**

Muchacho león

Comienza por el rostro de este joven león con los ojos entrecerrados y una gran sonrisa. El cuerpo es proporcionalmente más pequeño que la cabeza, lo que le aporta encanto. Diviértete con la gran melena y la vestimenta informal.

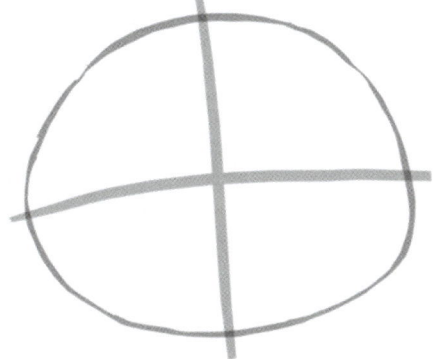

Día **183**

Araña *kawaii*

Para dibujar esta encantadora araña, traza un círculo para la cara y otro más grande y ovalado para el cuerpo. Añádele cuatro patas a cada lado, dos grandes ojos redondos, una pequeña sonrisa y, como toque final, un bonito lazo en la cabeza.

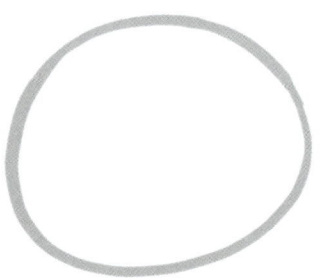

Día **184**

Mariposa *kawaii*

Esta mariposa en pleno vuelo tiene una pequeña cabeza con antenas. Añade el cuerpo y dibuja una de las alas, proporcionalmente más grande que el cuerpo. El ala opuesta no tiene por qué ser simétrica. Juega con los colores y los detalles.

Día **185**

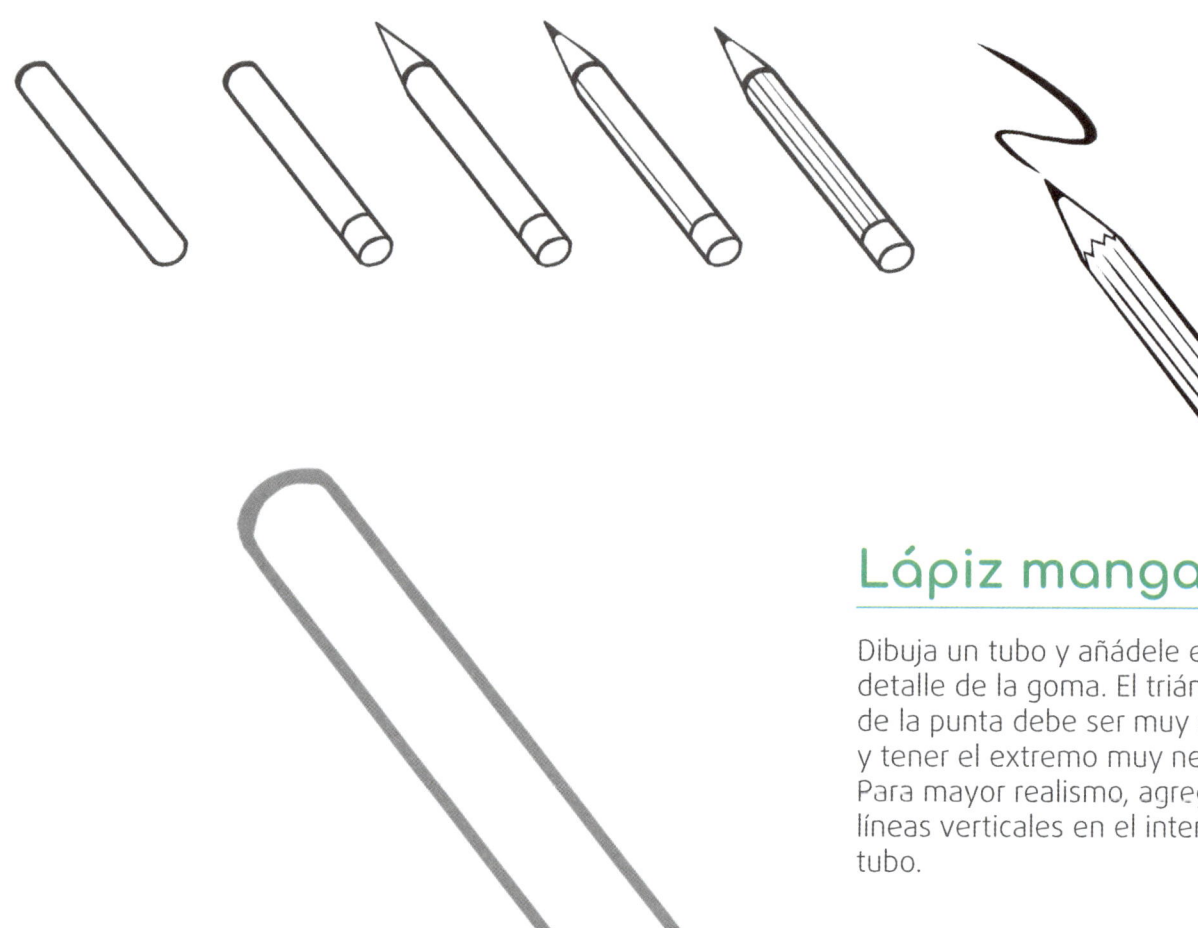

Lápiz manga

Dibuja un tubo y añádele el detalle de la goma. El triángulo de la punta debe ser muy agudo y tener el extremo muy negro. Para mayor realismo, agrega líneas verticales en el interior del tubo.

Día **186**

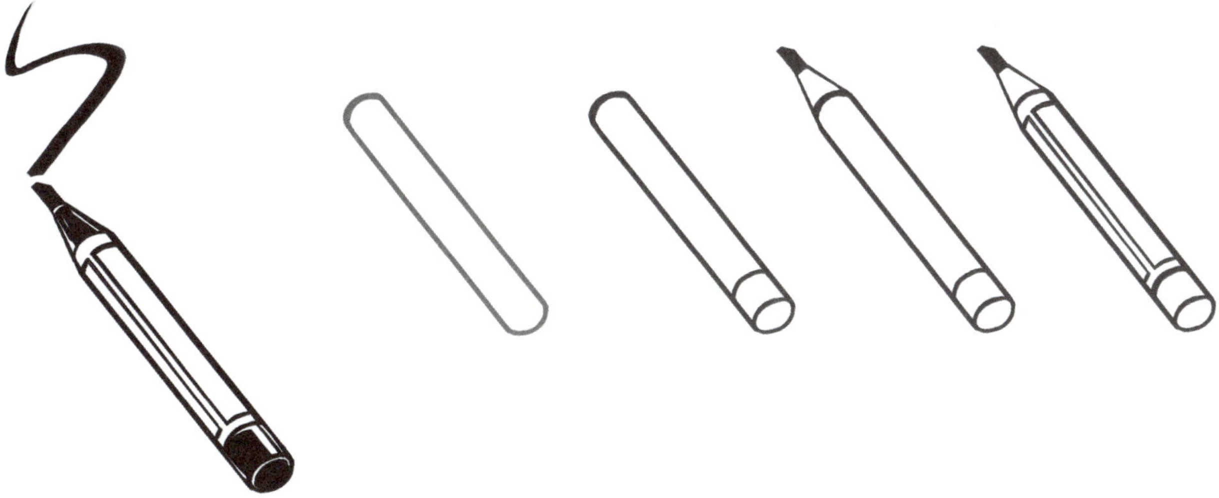

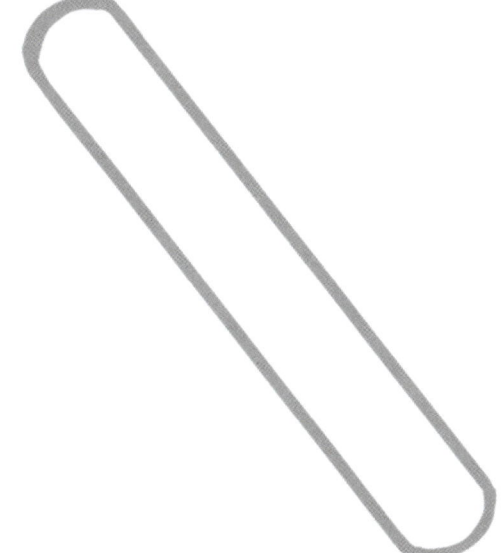

Rotulador manga

Sigue los mismos pasos que para el lápiz, pero dibujando la punta del rotulador más ancha.

Día **187**

Pequeño *mangaka*

A este joven artista podemos verle el cráneo y los hombros. Está realizando bonitos dibujos, con la mirada dirigida hacia abajo y los antebrazos sobre la mesa.

Día **188**

Pollo

Después de trazar la silueta, dibuja un ojo en forma de V tumbada y un pico grande y abierto. Añade una pata en la parte trasera y el ala del mismo lado extendida hacia delante, en sentido contrario. No olvides las plumas de la cola y la cresta. Este polluelo está listo para su cacareo mañanero.

Día **189**

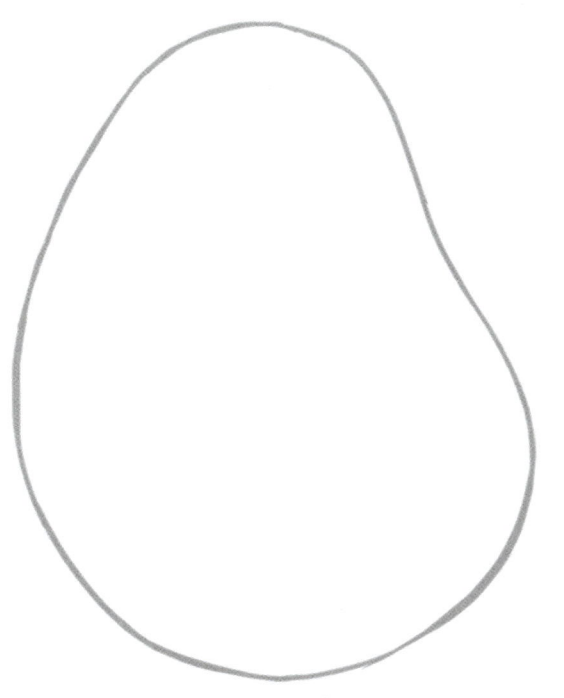

Gorra de policía

Comienza por la visera y luego añade el casquete. No olvides la insignia. Para terminar, colorea la gorra de negro, añadiendo brillos para aportarle volumen.

Día **190**

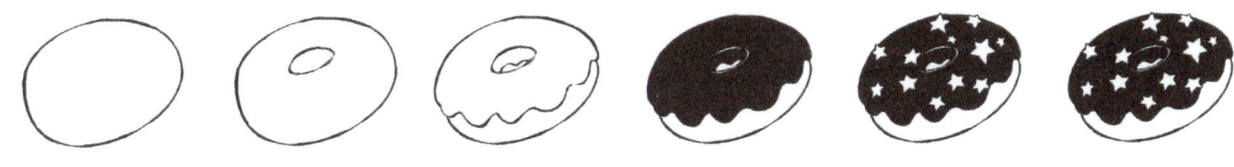

Dónuts

Para dibujar este apetitoso dónut, traza un círculo grande y otro más pequeño casi en el centro. Déjate llevar por la imaginación al añadirle el glaseado y la decoración. ¡Ñam, ñam, qué delicia!

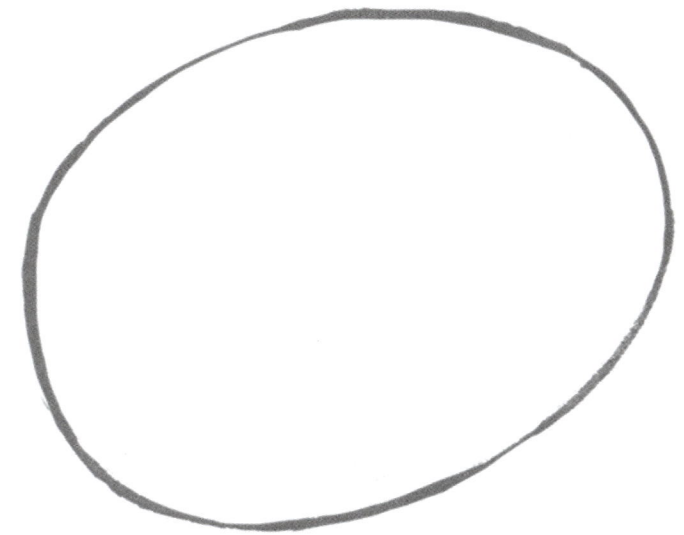

Día **191**

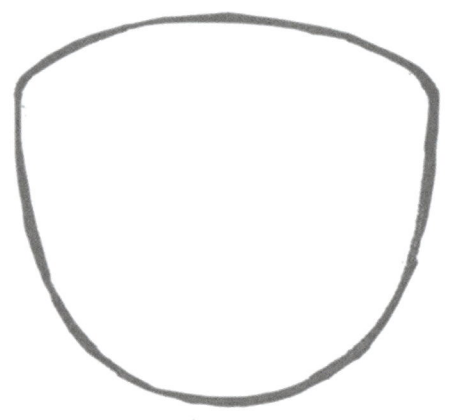

Café

Pausa para el café. Comienza trazando la silueta de la taza, luego dale volumen y por último dibuja el platillo. Añade el asa de la taza, dos terrones de azúcar y un poco de color que represente el café.

Día **192**

Desayuno

Este policía está disfrutando de un café y un dónut. Dibuja solo la parte superior del cuerpo porque el resto queda oculto por la mesa. Con una mano se lleva el dónut a la boca y con la otra alza el café. No olvides los detalles del uniforme.

Día **193**

Joven

Este muchacho joven y sonriente tiene los ojos cerrados y la boca muy abierta. Su cabello rizado presenta mucho volumen. Lleva puesto un bonito jersey a rayas.

Día **194**

Bebé

Este bebé está mirando hacia arriba. Tiene unas grandes pupilas negras, que dibujaremos justo en el centro de la base, las cejas alzadas y una boca pequeña y ligeramente abierta. Para que resulte adorable, añádele un sombrerito con orejas de gato y una bonita camiseta.

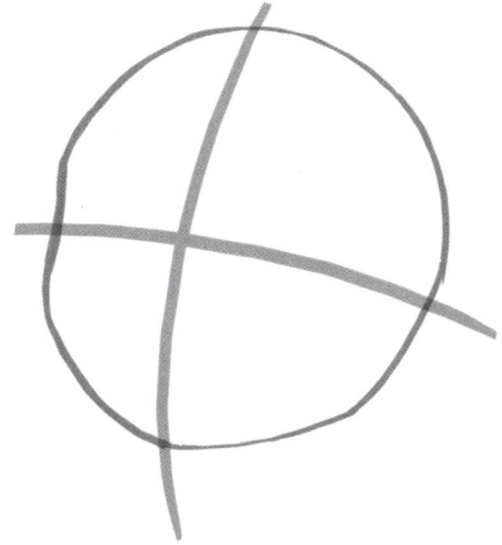

Día **195**

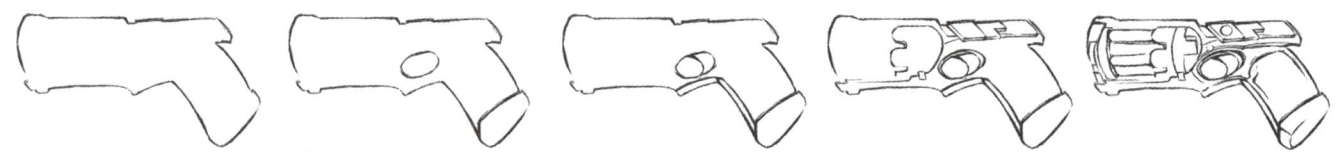

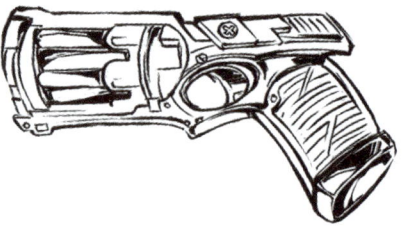

Arma
steampunk

Comienza por la silueta de la
pistola y el orificio para el gatillo.
Presta atención a la perspectiva
y las sombras. Por último, añade
todos los detalles.

Día **196**

Steampunk

Este vaquero *steampunk* ha desenfundado su pistola. Dibújalo en ángulo de ¾, con la cabeza algo inclinada, la mirada hacia arriba y el brazo derecho con la pistola en mano. Lo más importante son los accesorios y la vestimenta.

Día **197**

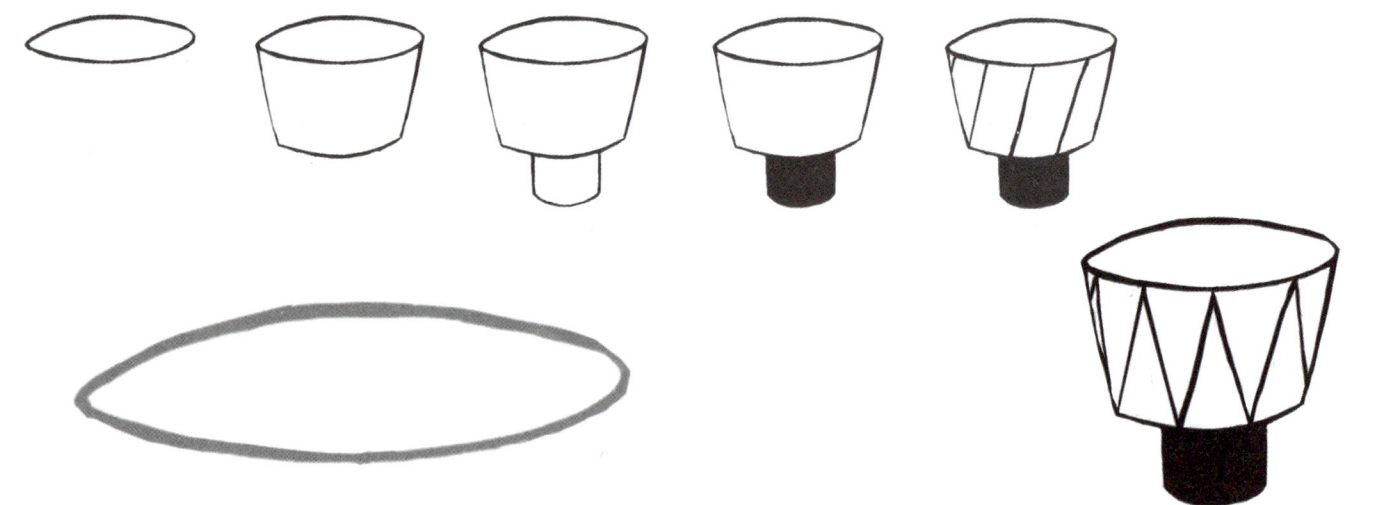

Tambor

Para dibujar este tambor,
comienza por la superficie que
se golpea. Una vez completado
parece una lámpara. Añade la
decoración y ¡listo para empezar
a tocar!

Guitarra

Traza primero la silueta de la guitarra y luego el mástil que la atraviesa. Dibuja las cuerdas y añade sombras para aportarle realismo.

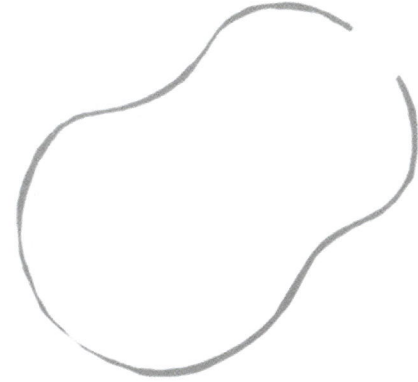

Día **199**

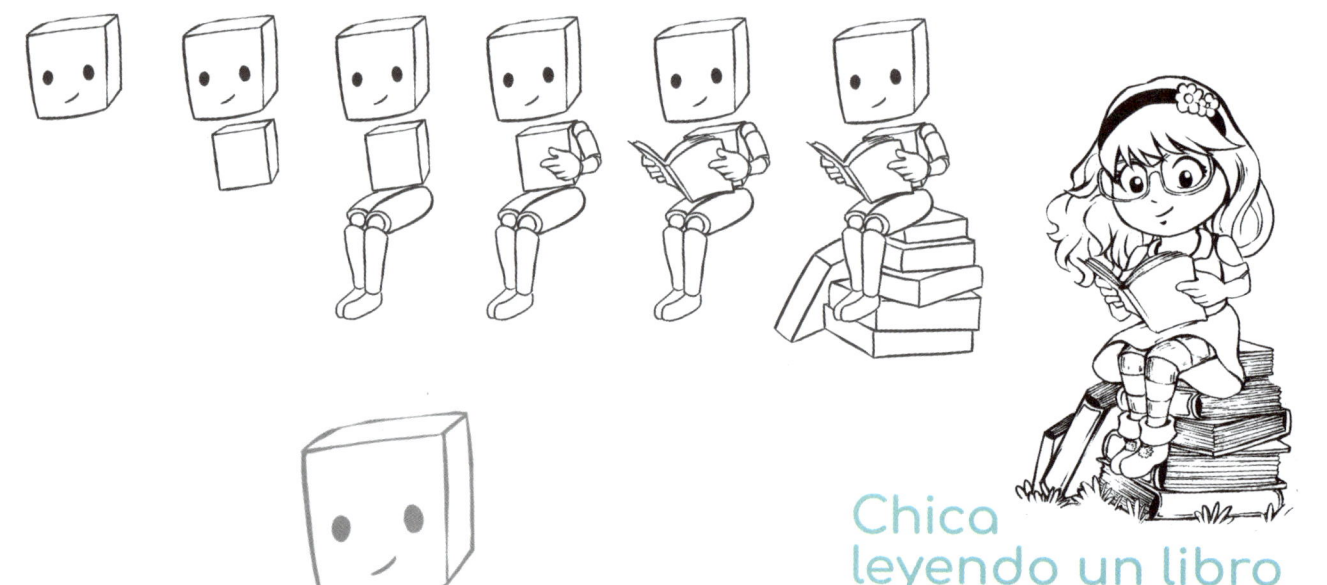

Chica leyendo un libro

La cabeza algo inclinada, los ojos embelesados, una ligera sonrisa en los labios: ¡un verdadero ratón de biblioteca! La chica aparece sentada sobre un montón de libros, con las piernas dobladas. Añádele gafas para que vea mejor, una diadema para que no le moleste el pelo y listo, ya la tienes inmersa en el mundo de fantasía de sus libros.

Día **200**

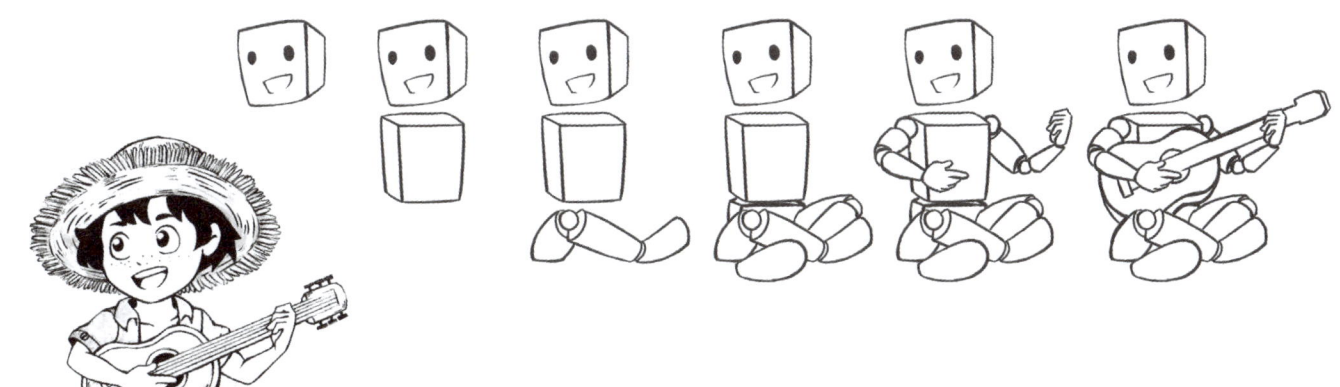

Guitarrista

Aquí tienes un muchacho tocando la guitarra. Está sentado con las piernas cruzadas sobre un montón de hierba, ataviado con un sombrero de paja y ropa informal. El personaje transmite alegría a través de su música.

Ratones

Estos ratoncillos son muy estudiosos. Inclinados sobre el libro abierto, parecen esforzarse en aprender la lección.

Día **202**

Zorro músico

Este zorro toca el yembé. Representa la cabeza del animal por encima del instrumento, las patas delanteras golpeando el tambor y las traseras rodeando su base. ¡Todo listo para el concierto!

Día **203**

Chica friki

Esta chica se está preparando
para asistir a un festival
de manga. Tiene la mirada
fascinada y la boca muy abierta.
Dibújale muchos accesorios en
el pelo, pendientes en forma de
corazón y unas gafas grandes
y frikis. Lista para un fin de
semana de locura.

Día **204**

Chica
con sombrero

Ha llegado la temporada de los pícnics y la alegría de esta muchacha se refleja en su rostro. Con un gran sombrero para protegerse del sol y unas bonitas flores en el pelo, está lista para disfrutar de una tarde estupenda.

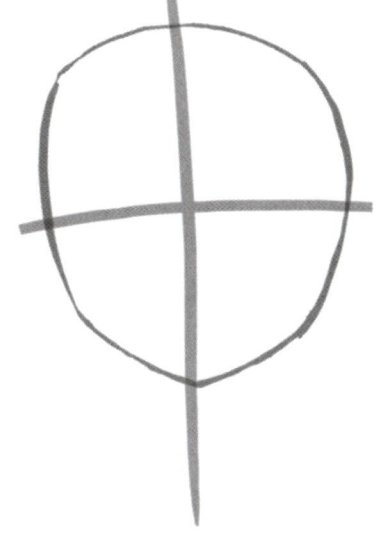

Día **205**

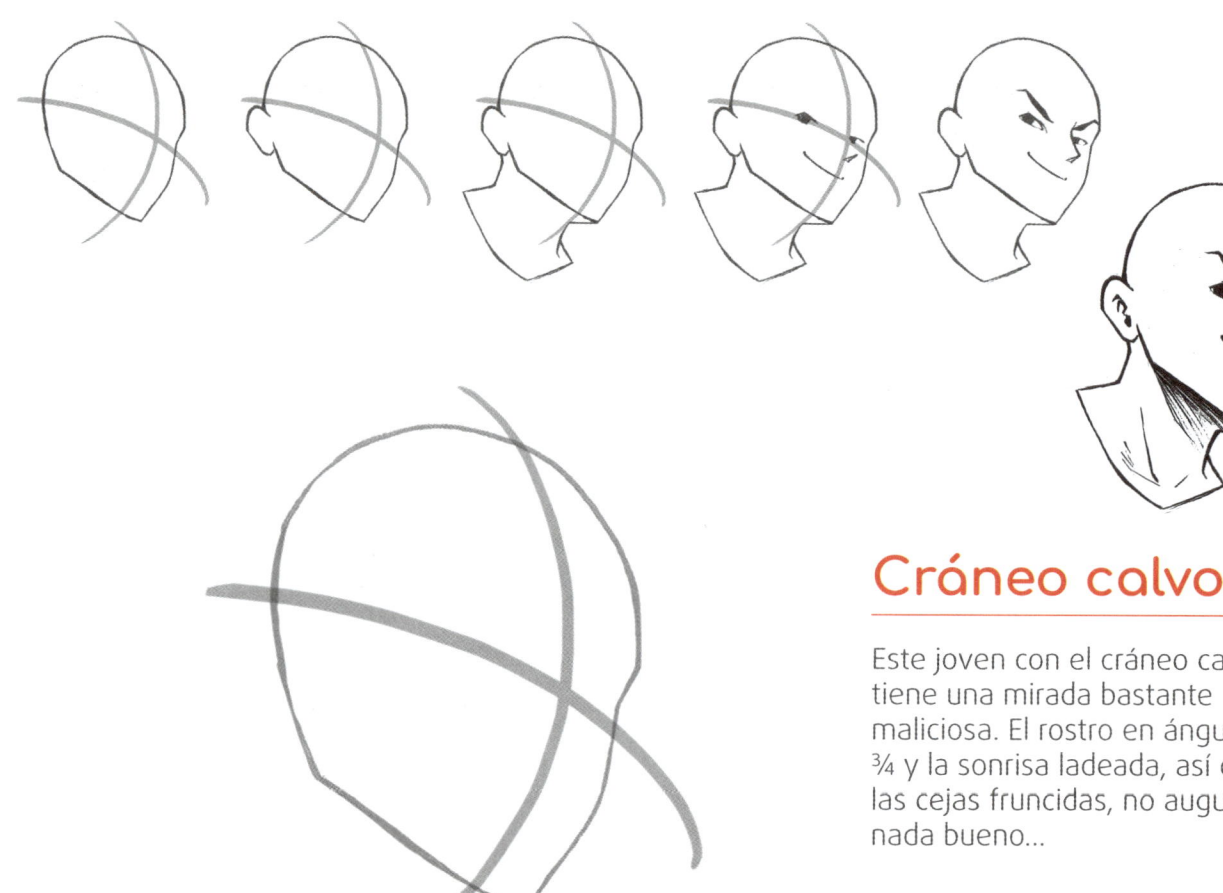

Cráneo calvo

Este joven con el cráneo calvo tiene una mirada bastante maliciosa. El rostro en ángulo de ¾ y la sonrisa ladeada, así como las cejas fruncidas, no auguran nada bueno...

Día **206**

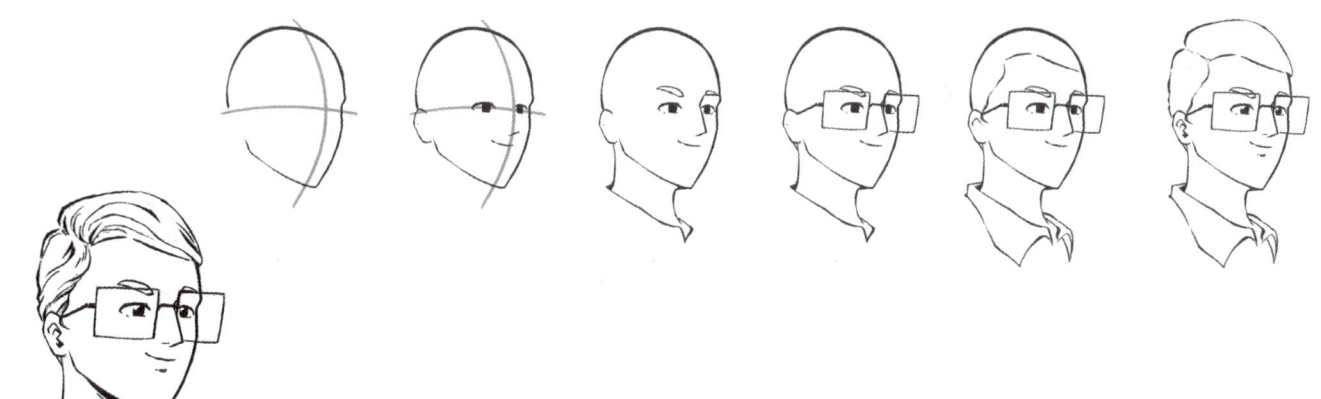

Estudiante intelectual

Este joven en ángulo de ¾ tiene un aspecto formal. Dibújale ojos almendrados y unas grandes cejas. La nariz aparece puntiaguda porque está de perfil. Péinale con raya al lado y ponle unas gafas y estará listo para empezar a estudiar.

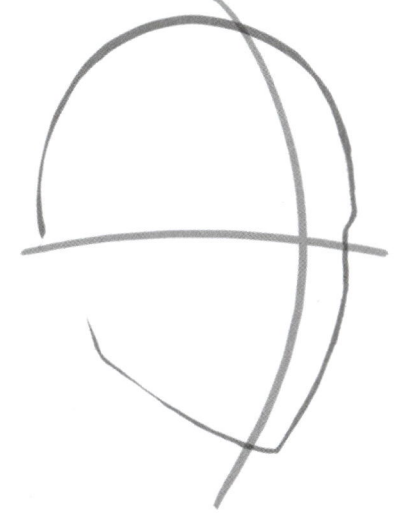

Día **207**

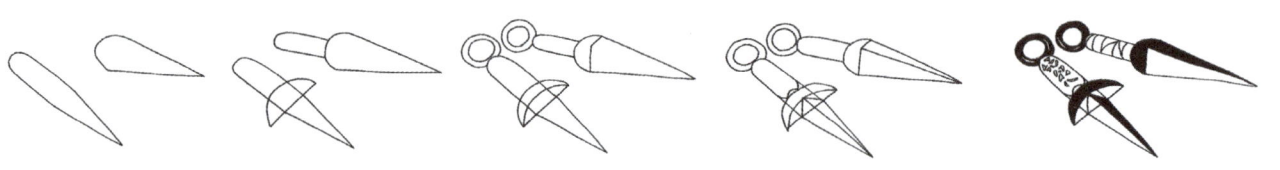

Kunai

¡Otra arma emblemática de los *ninjas*! Los *kunai* son casi como las navajas suizas de estos guerreros (arma arrojadiza, ganzúa, anclaje de escalada...). Para realzar la parte de hierro, píntala de negro. Deja algunas zonas en blanco para crear reflejos. También puedes añadir unos trazos finos para aportar volumen a la hoja.

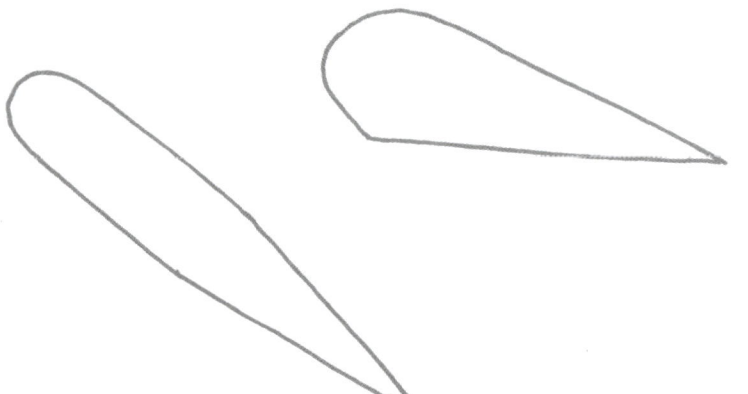

Día **208**

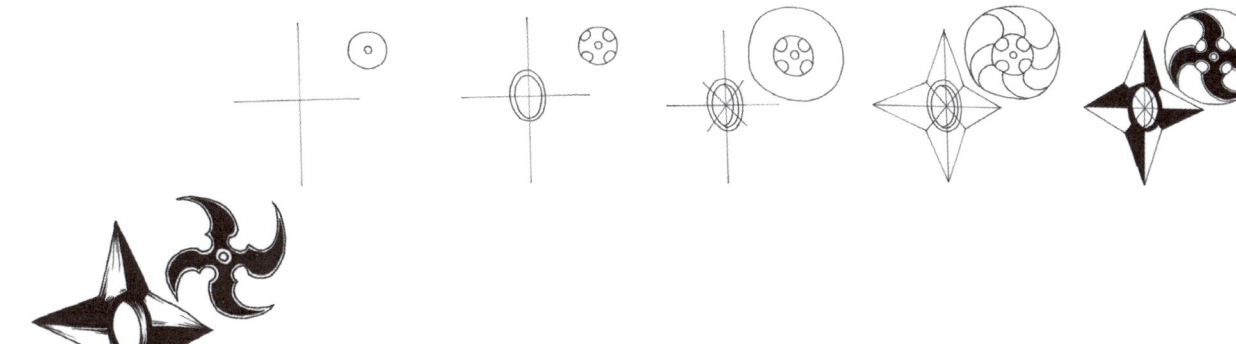

Shuriken

Los *shuriken*, armas
representativas de los *ninjas*,
pueden tener diversas formas,
pero siempre son simétricos
a un eje. Se componen de
figuras geométricas simples,
un poco como los rosetones.

Día **209**

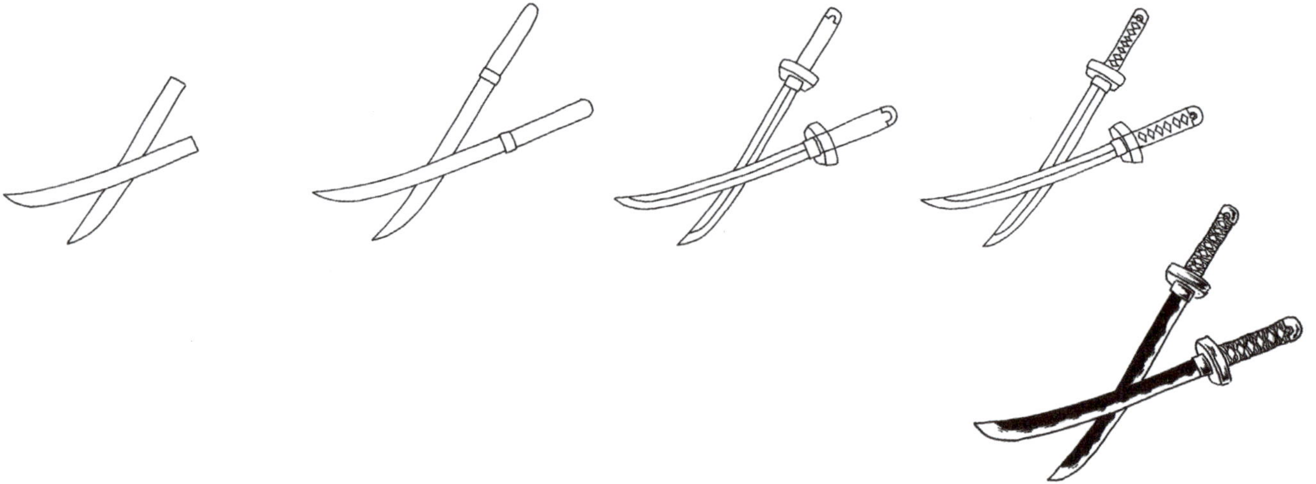

Kodachi

Los *kodachi* son pequeños sables japoneses, perfectos para utilizarlos en parejas.

Como en la catana, representa la parte ancha de la hoja en negro y la parte del filo, en blanco. Puedes añadir un degradado entre ambas zonas para dar un acabado más cuidado a las armas.

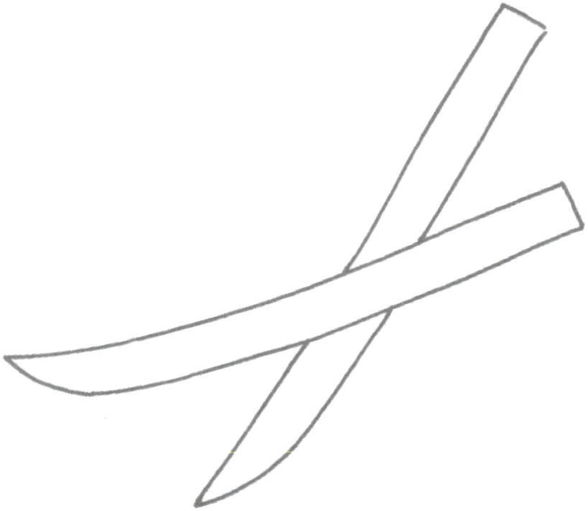

Día **210**

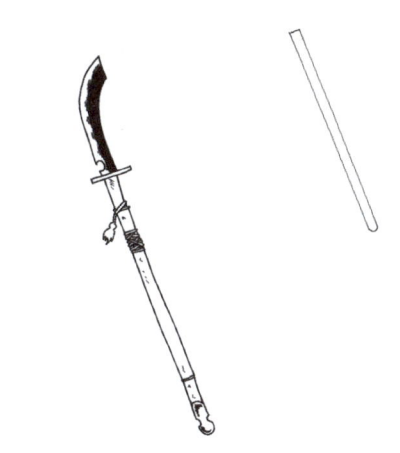

Naginata

La hoja de esta lanza japonesa
puede tener muchas formas.
Crea un diseño original y
añádele elementos decorativos
en el mango para aportarle
algo más de personalidad.

Día **211**

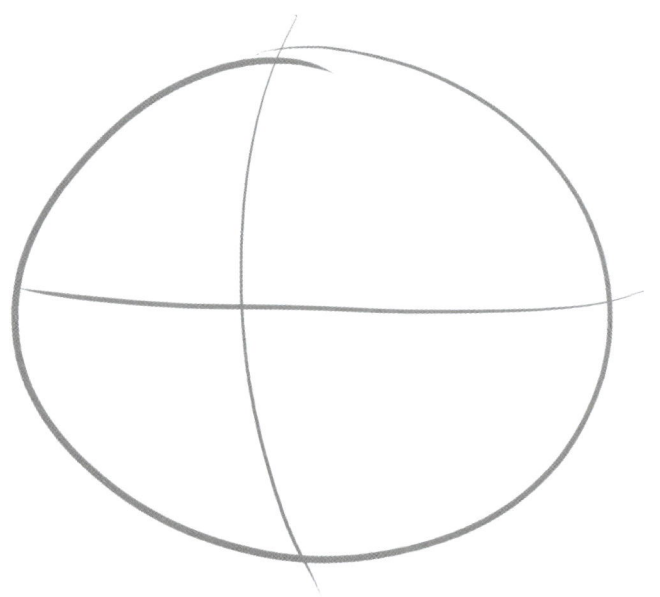

Chibi intrigada

Cuando reflexionamos, solemos dejar la mirada perdida y arqueamos una ceja. Puedes añadir un signo de interrogación para resaltar la confusión de esta *chibi*.

Día **212**

Chibi enfurruñada

Una *chibi* malhumorada se muestra irritada, pero jamás pierde su encanto. La *chibi* tiende a inflar una mejilla y desviar la mirada. Puedes añadirle elementos de cólera, como las cejas fruncidas o una vena hinchada.

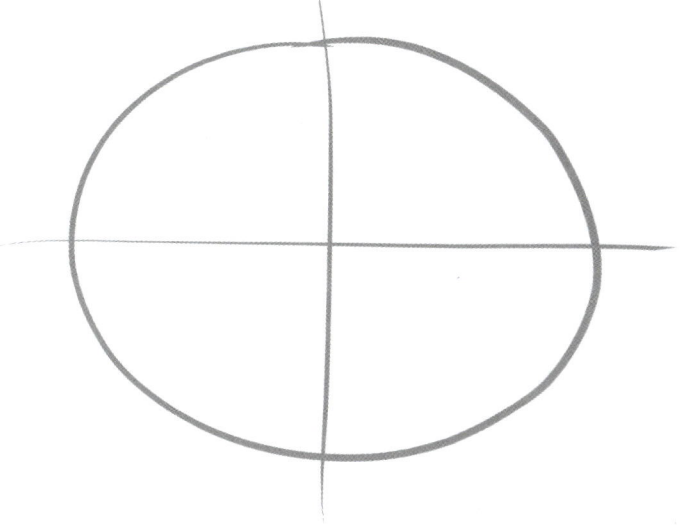

Día **213**

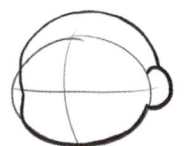      

Chibi traidor

Para conseguir una expresión traicionera, dibuja una sonrisilla ladeada y unos ojos algo entrecerrados. Las cejas suelen aparecer inclinadas para acentuar la intención maliciosa del personaje.

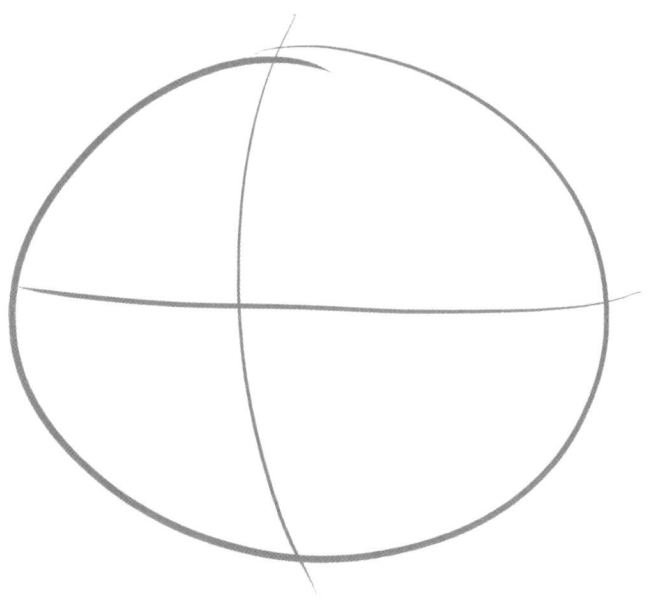

Día **214**

Chibi irritada

Un rostro irritado es asimétrico y aparece tenso, ya que representa el inicio de la cólera. Incluye algunos elementos de la cara encolerizada, como una sombra entre los ojos, una ceja fruncida y una vena hinchada.

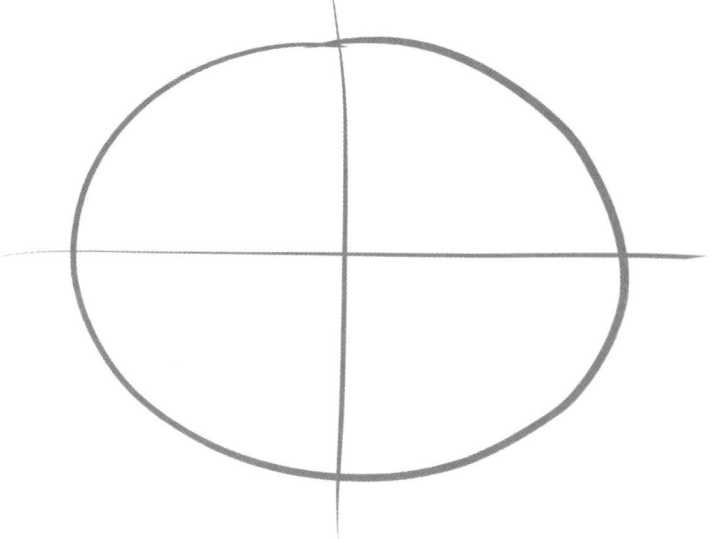

Día **215**

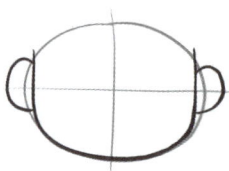    

Chibi desganado

Un rostro apático es completamente neutro. Para representar esta emoción, basta con utilizar puntos y trazos horizontales. Puedes añadir unos puntos suspensivos al lado del *chibi* para crear un efecto cómico.

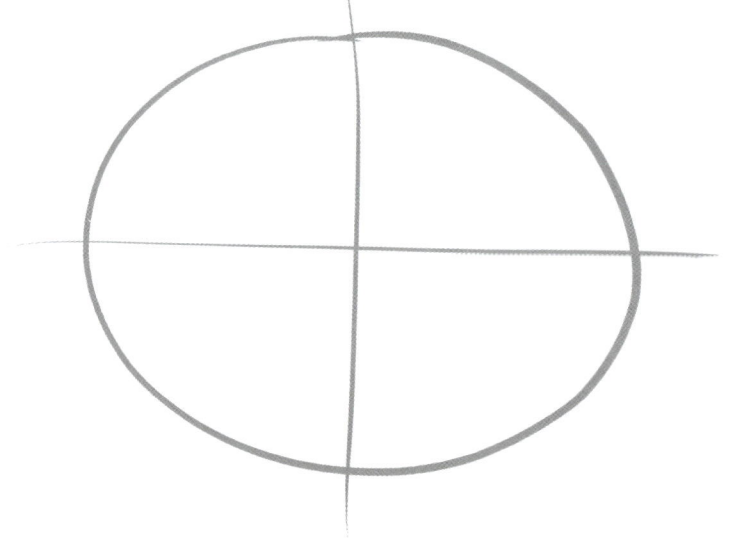

Día **216**

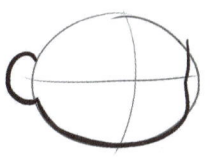    

Chibi sorprendido

Cuando un personaje está sorprendido, sus ojos están muy abiertos y los iris son más pequeños de lo habitual. También tiene las cejas alzadas y la boca en forma de círculo.

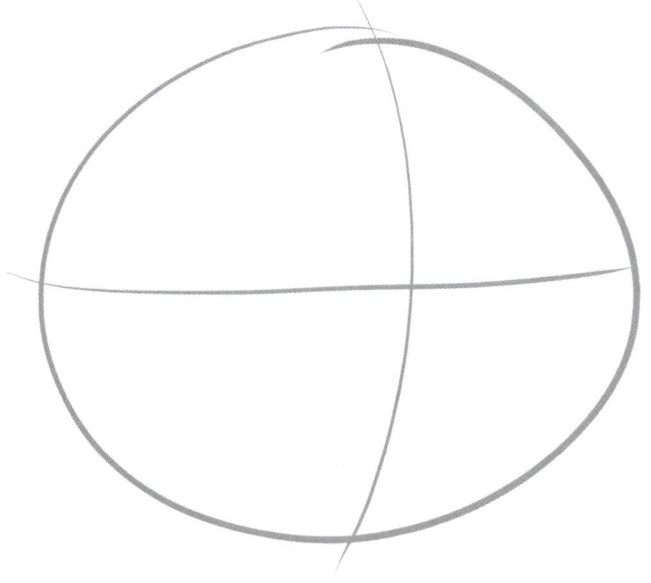

Día **217**

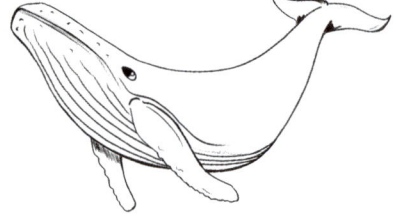

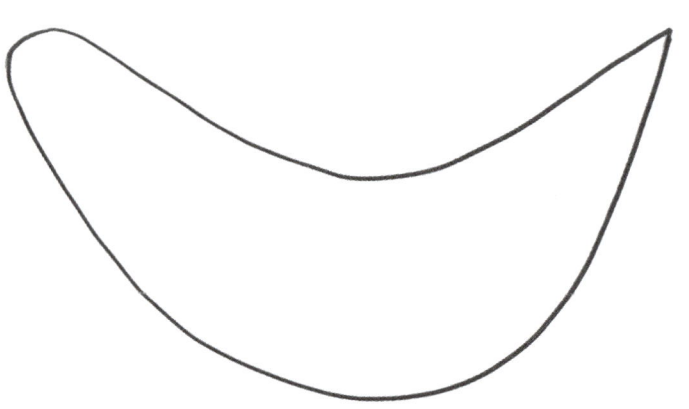

Ballena

¡Este gigante marino es una especie protegida! Comienza esbozando el cuerpo, luego sitúa las aletas delanteras y la trasera y por último añade los detalles. Completa el dibujo con los ojos, la mandíbula y las estrías que la ballena tiene en el vientre.

Día **218**

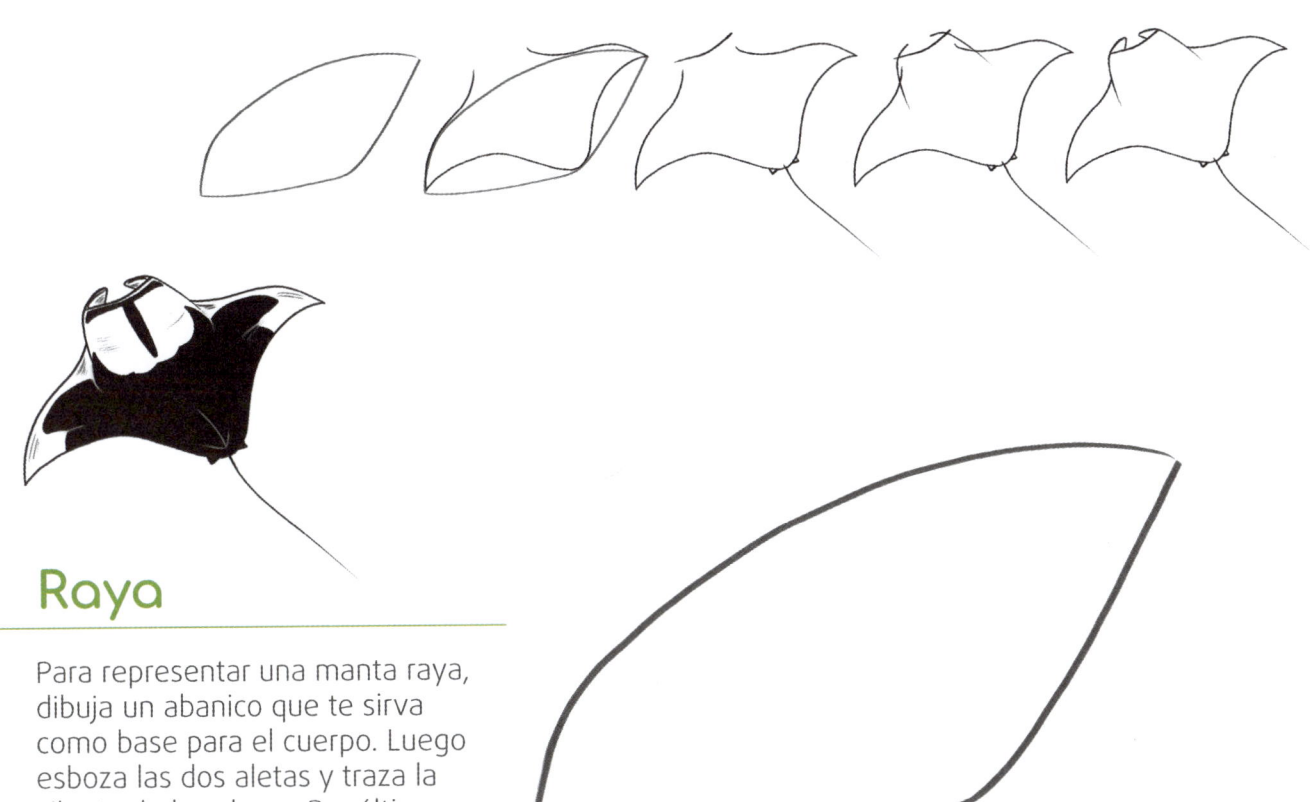

Raya

Para representar una manta raya, dibuja un abanico que te sirva como base para el cuerpo. Luego esboza las dos aletas y traza la silueta de la cabeza. Por último, añade la cola y los dos apéndices de la parte delantera, que no son cuernos sino aletas.

Día **219**

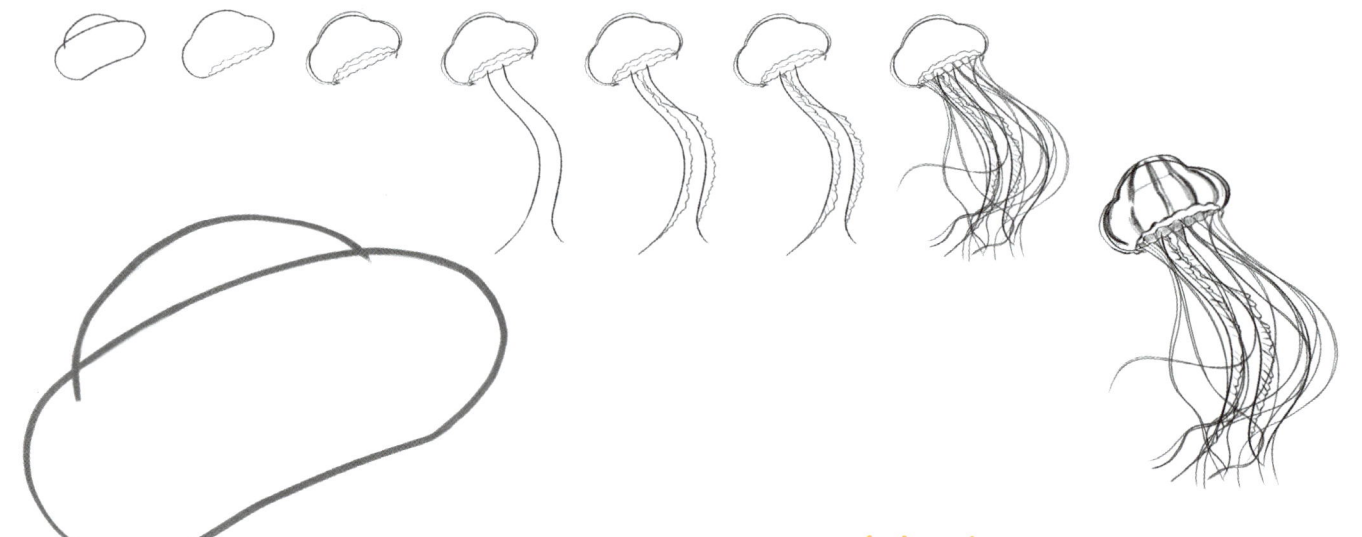

Medusa

La medusa es un animal predador que paraliza a sus presas con los tentáculos. Dibuja primero la umbrela y luego traza los dos brazos principales. ¡Ya solo te queda añadir los finos tentáculos secundarios!

Día **220**

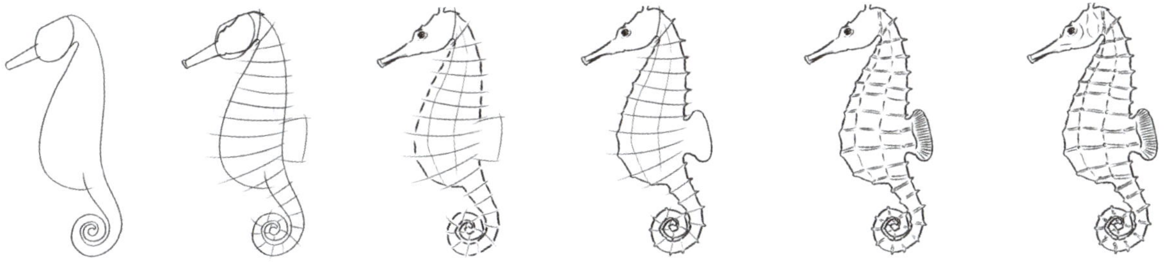

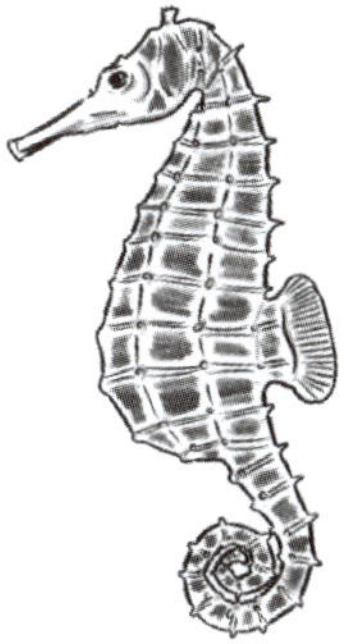

Hipocampo

El caballito de mar presenta una cabeza con un hocico muy afilado y una cola que se enrosca sobre sí misma. El hipocampo dispone de una aleta dorsal que le permite desplazarse. ¡No olvides dibujarle las estrías que forman una especie de caparazón!

Día **221**

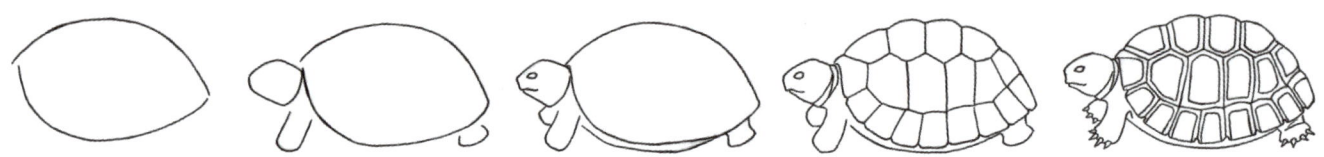

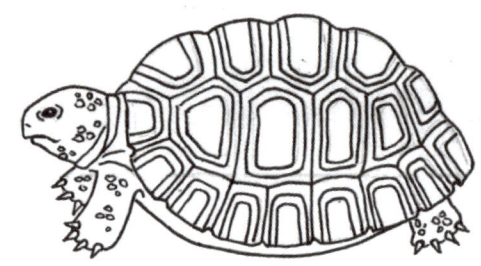

Tortuga

Dibuja en primer lugar el caparazón. De perfil, parece un óvalo dividido en pequeños rectángulos. La cabecita redondeada sobresale por un lado y las patas cuadradas asoman apenas por debajo del vientre.

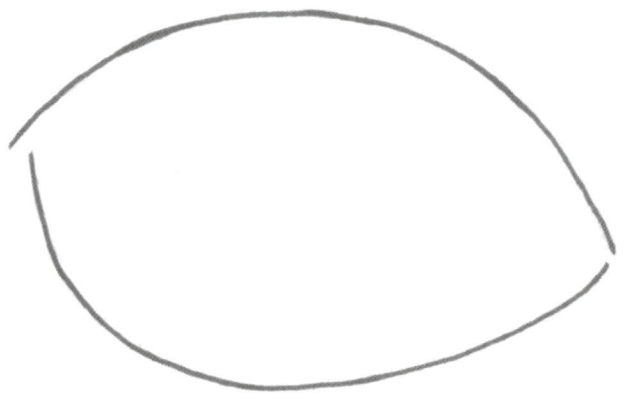

Día **222**

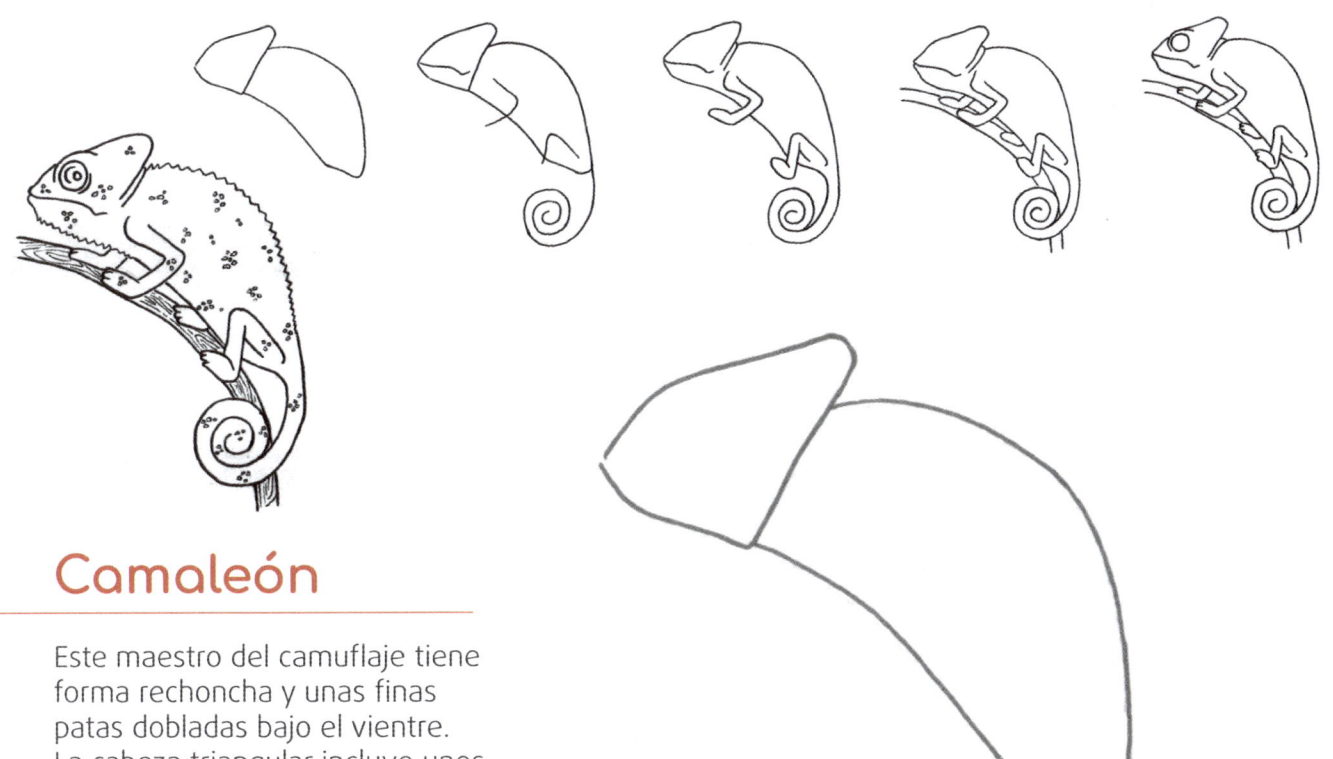

Camaleón

Este maestro del camuflaje tiene forma rechoncha y unas finas patas dobladas bajo el vientre. La cabeza triangular incluye unos grandes ojos redondos, y la larga cola termina en espiral.

Día

223

Patines

Los patines de cuatro ruedas tienen como base una bota con un pequeño tacón. Añade dos ruedas delante y otras dos detrás, ¡y no olvides el freno en la puntera! Estos patines llevan cordones y puedes adornarlos como más te guste.

Día **224**

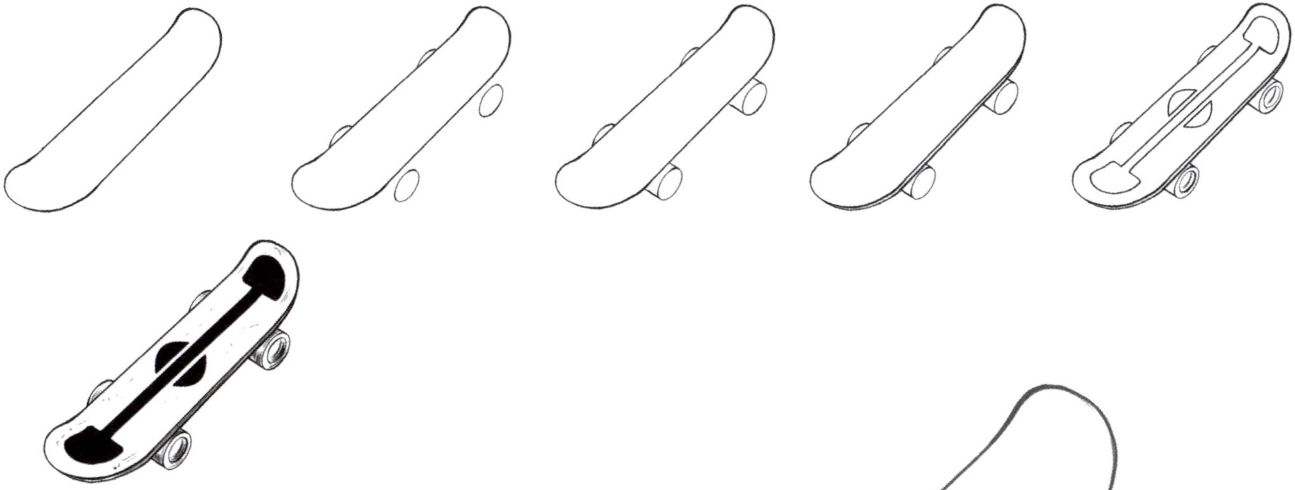

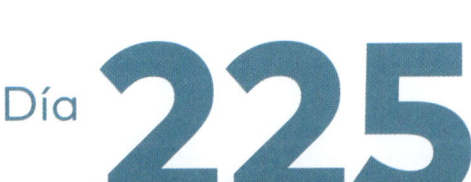

Patinete

Comienza dibujando la tabla del patinete y luego añade las cuatro ruedas. Para que quede más realista, ¡no olvides dar volumen a las ruedas y representar el espesor de la tabla! Decórala para darle un toque personal.

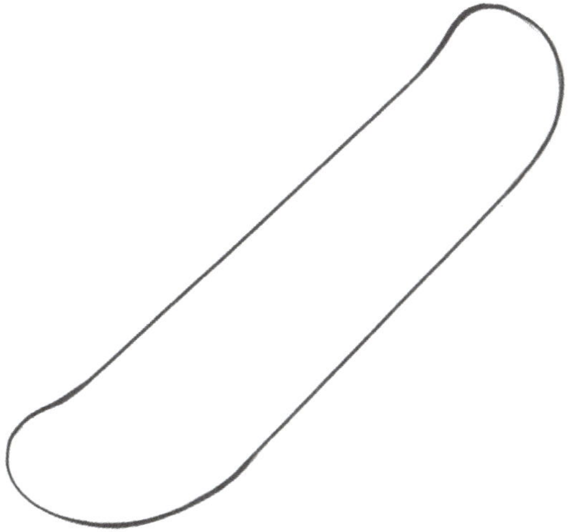

Día 225

Vespa

Esboza primero las principales figuras geométricas que conforman la vespa. Define luego las ruedas, el asiento y los manillares. Añade por último los retrovisores, el tubo de escape y el faro, que es muy importante.

Día **226**

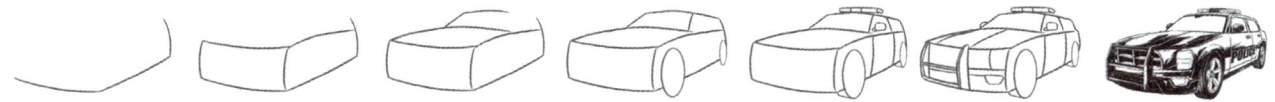

Coche de policía

¿A quién no le gustaría darse una vuelta en uno? ¡Siempre que no sea en la parte trasera y con las manos esposadas! Este dibujo incluye multitud de elementos en perspectiva, así que presta atención a los detalles en cada paso.

Día **227**

Jugador de baloncesto

Este muchacho está apoyado en su balón de baloncesto. Como se trata de un *chibi*, la cabeza es proporcionalmente más grande que el cuerpo. Tiene las caderas hacia delante, las piernas cruzadas, un brazo sobre una rodilla y el otro encima del balón.

Día **228**

Jugadora de baloncesto

Esta *chibi* está lista para el partido de baloncesto. Tiene el cuerpo más pequeño que la cabeza y avanza con determinación hacia la cancha, con el balón entre las manos.

Día **229**

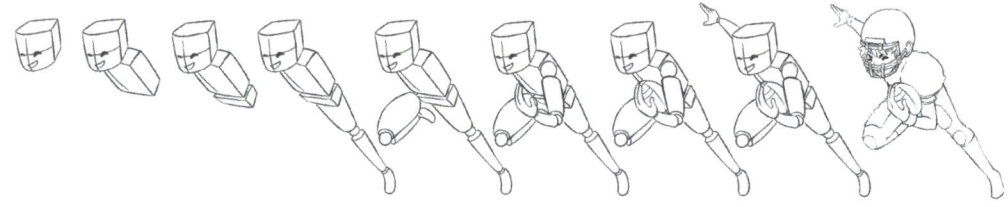

Jugador de fútbol americano

Este jugador de fútbol americano está inclinado hacia delante. Se apoya sobre la pierna estirada para correr tan rápido como pueda y anotar un *touchdown*. ¿Ganará su equipo el partido?

Día **230**

Mate de baloncesto

Este jugador de baloncesto salta para hacer un mate. Tiene la cabeza inclinada hacia atrás y el tronco y las caderas, arqueados. Se impulsa con una pierna para elevarse lo máximo posible y estira el brazo para alcanzar la canasta.

Día **231**

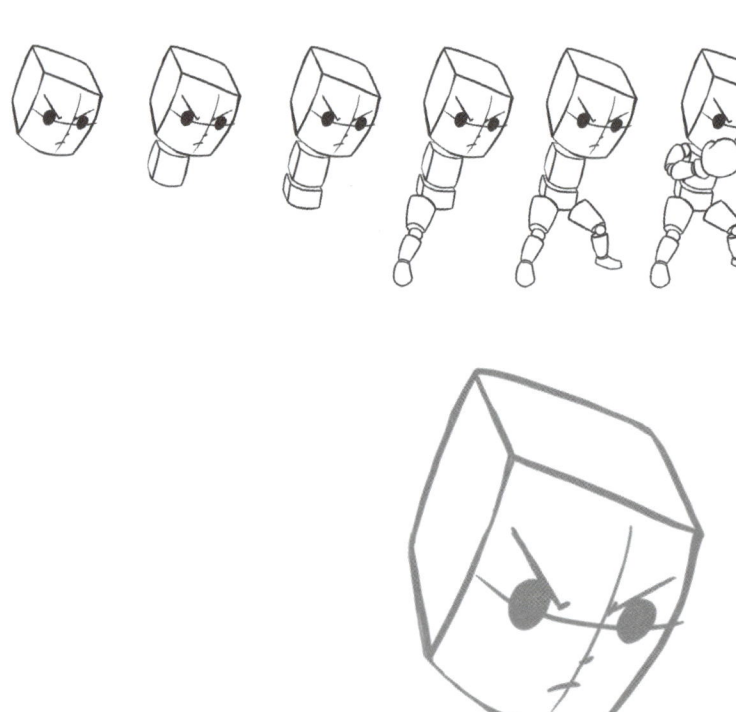

Chibi boxeador

Dibuja las piernas de este *chibi* separadas y flexionadas, en postura defensiva. El personaje, con mirada penetrante y el pelo recogido, se cubre la cara para protegerse de los golpes. ¡La victoria es suya!

Día **232**

Boxeador

Toda la fuerza de este boxeador está concentrada en su puño. Remata el dibujo con trazos de velocidad para reflejar la potencia del impacto.

Día **233**

Hermano y hermana

Tierno momento de complicidad entre hermana mayor y hermano pequeño. Comienza esbozando el cuerpo de la chica. Dibújala apoyada sobre las dos piernas estiradas. Con los brazos sujeta a su hermano pequeño, al que lleva cargado a la espalda. El niño se agarra a ella.

Día **234**

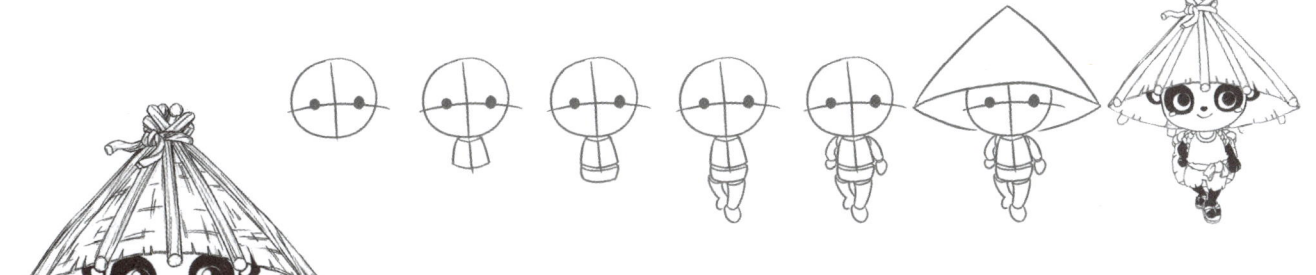

Panda campesino

Para dibujar este panda, comienza trazando un círculo para la cabeza. A continuación, representa el cuerpo como el de un ser humano. Vístelo como un campesino para darle un toque aún más encantador.

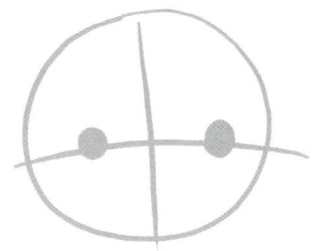

Día **235**

Personaje en ángulo contrapicado

Este joven guerrero se mantiene bien erguido. Con una mano en la cadera, deja claro que es el jefe de su tribu. A pesar de la cicatriz en el rostro, transmite confianza y vigor. El ángulo contrapicado acentúa su fuerza.

Día **236**

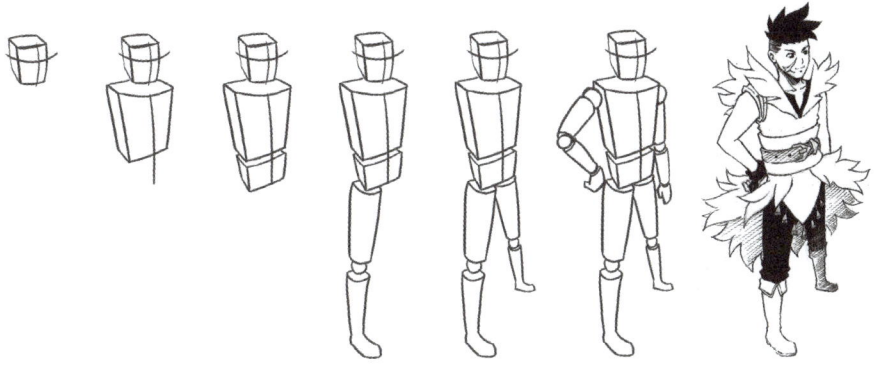

Personaje en ángulo picado

Este dibujo presenta un ángulo picado. La cabeza resaltará sobre el resto del cuerpo, que irá empequeñeciéndose poco a poco hasta llegar a los pies.

Día **237**

Cachorro
de *shiba inu*

Este adorable perrito tiene el cuerpo robusto y la cabeza redonda y coronada por unas pequeñas orejas apuntadas. Sus patas son largas y lleva la cola levantada, formando un bucle.

Día **238**

Gallina

Dibuja primero una figura en forma de bumerán. Añade a un lado la cabeza, coronada por la cresta y con un pequeño pico. Traza al otro lado un triángulo para la cola.

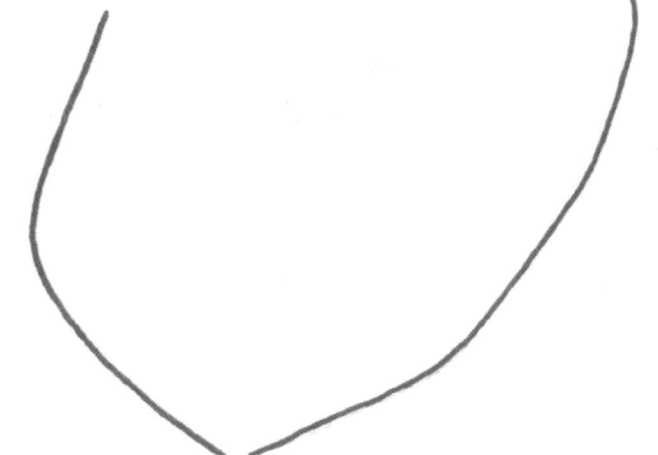

Día **239**

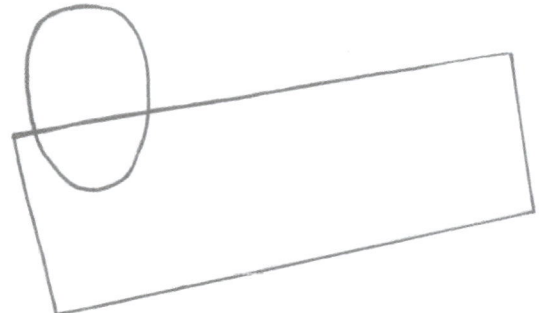

León

Para dibujar al rey de la selva, empieza trazando un rectángulo. Añade las patas por debajo y luego la cola. Por último, rodea la cabeza con una enorme y majestuosa melena.

Día **240**

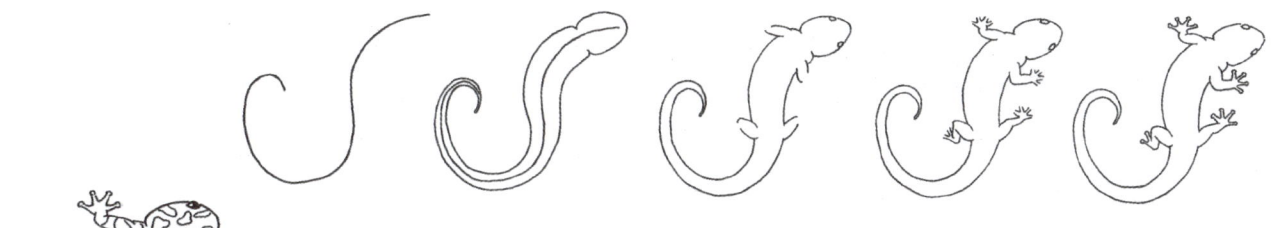

Lagarto

¡El cuerpo del lagarto es muy similar al de la serpiente! Comienza trazando una S y luego añade una cabeza redondeada y unas pequeñas patas con dedos en forma de estrella. La cola tiene el extremo enrollado.

Día **241**

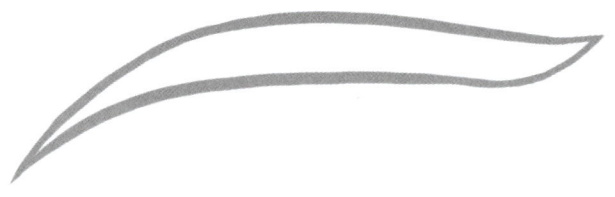

Ojos almendrados

Este tipo de ojos suele asociarse a personajes tranquilos, reservados. Un mechón de pelo cubre en ocasiones uno de los ojos.

Día **242**

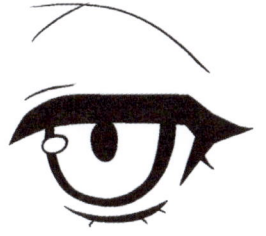

Ojos fijos

Este tipo de ojos suele ligarse a personajes misteriosos, de los que resulta difícil captar lo que están pensando. El párpado es grueso y el ojo aparece entreabierto.

Día **243**

Vikingo

Este vikingo, pequeño pero fiero, no parece tener la sonrisa fácil. Con las piernas separadas y un puño cerrado, blande un hacha casi tan grande como él. Dos grandes cuernos adornan su casco.

Día **244**

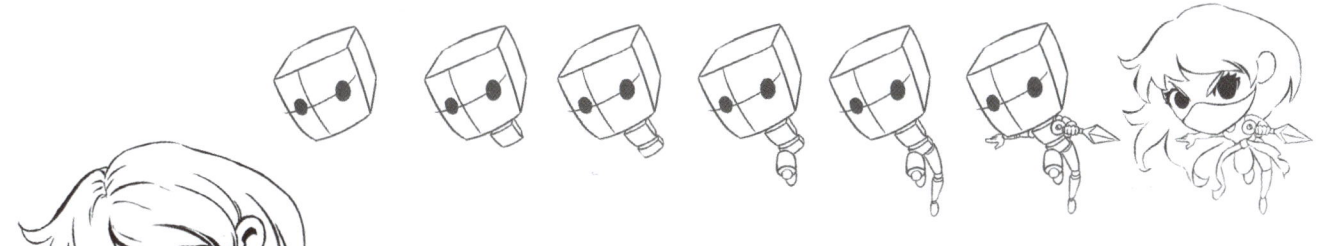

Ninja

Los ojos son lo único que vemos de esta *ninja* vestida de negro. Con movimientos ágiles, está dispuesta a combatir por el honor y los valores de su cultura.

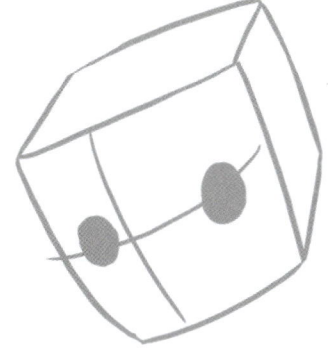

Día **245**

Calabaza de Halloween

Después de trazar la base de la calabaza, dibuja un par de triángulos para los ojos, otro más pequeño para la nariz y líneas en zigzag para la boca. Como toque final, puedes añadirle pelo de punta.

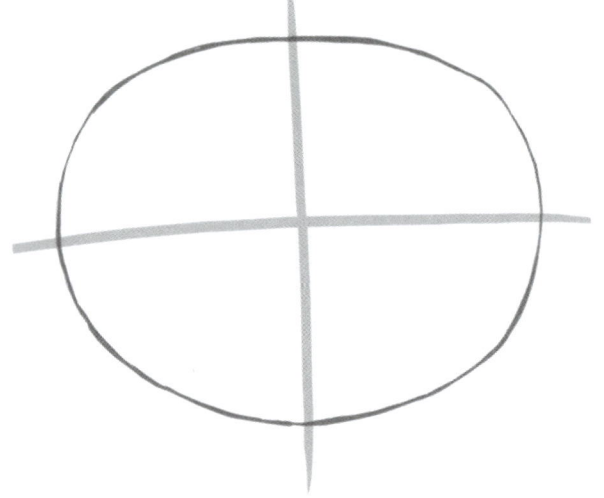

Día **246**

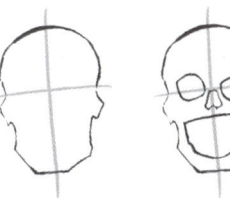     

Calavera

Esta calavera resulta aterradora. La parte inferior de la base del rostro presenta líneas menos redondeadas. Dos grandes agujeros representan los globos oculares vacíos y la mandíbula aparece muy abierta, dejando los dientes al descubierto. La capucha aporta al personaje un aspecto aún más tenebroso. También puedes añadir llamas saliendo de las cuencas de los ojos.

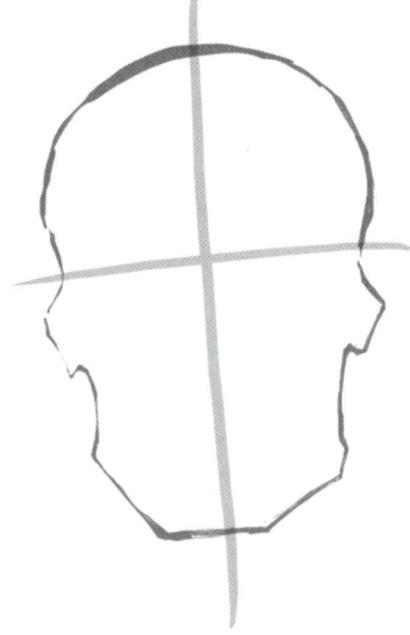

Día **247**

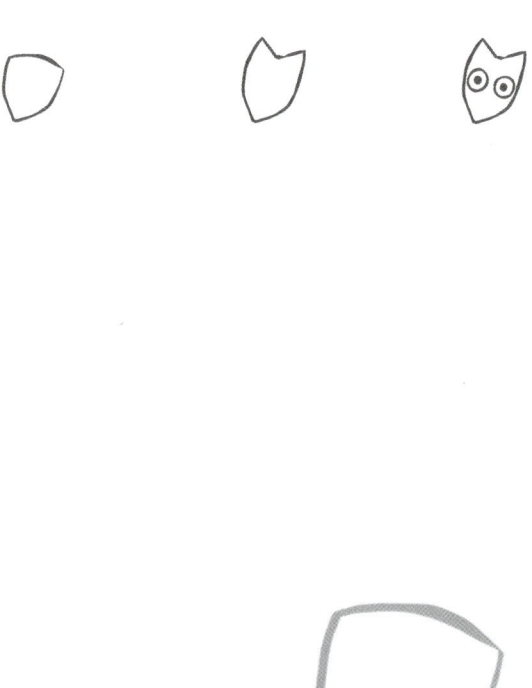

Murciélago

Para la cabeza, dibuja una base triangular y añádele unas orejas puntiagudas y unos grandes ojos redondos. Luego traza unas alas simétricas. ¡Los murciélagos están listos para levantar el vuelo!

Día **248**

Fantasma *kawaii*

Existen varias maneras de dibujar fantasmas. La base para un fantasma *kawaii* es muy simple. Tiene forma de gota de agua e incluye unos sencillos óvalos negros que representan los ojos.

Día **249**

Bruja de Halloween

Una bruja con una amplia sonrisa... ¿Acaba de lanzarle un hechizo a algún bribonzuelo o se trata de una bruja buena? Tiene el rostro de frente, con los ojos entornados, una naricilla en el centro de la cara y una sonrisa pizpireta.

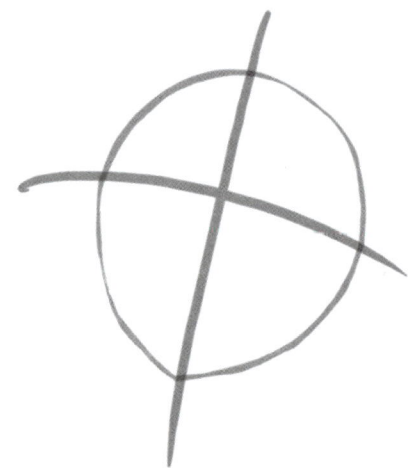

Día **250**

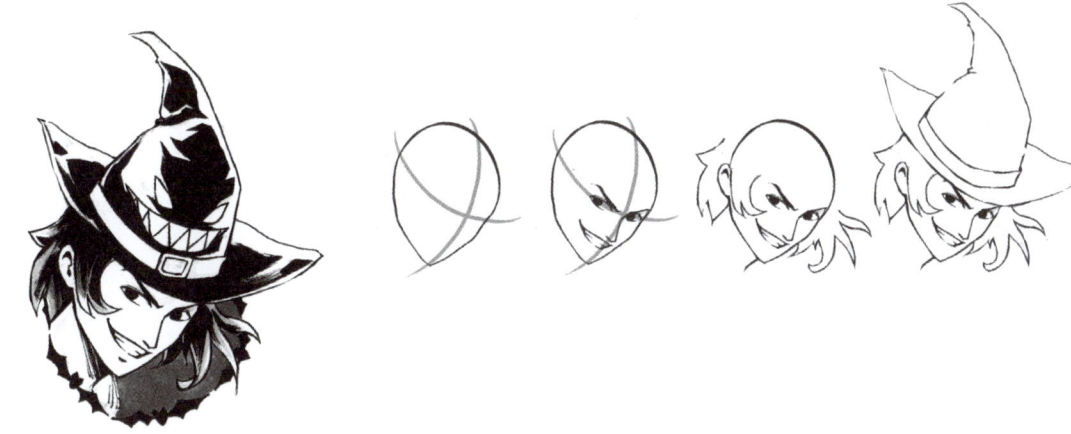

Brujo de Halloween

Este brujo guarda más de un as bajo la manga. El rostro presenta un ligero ángulo de ¾, con los ojos bajos, las cejas fruncidas con malicia y una sonrisa burlona en los labios. El pelo sobresale bajo el sombrero puntiagudo. Brrrr, ¡produce escalofríos!

Día **251**

Truco o trato

En estos caramelos redondos, concéntrate en la decoración de la envoltura.

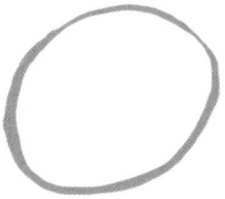

Bastón de caramelo

Un bastón de caramelo tiene la misma forma que el cayado de un abuelo; son los detalles los que marcan la diferencia.

Día **253**

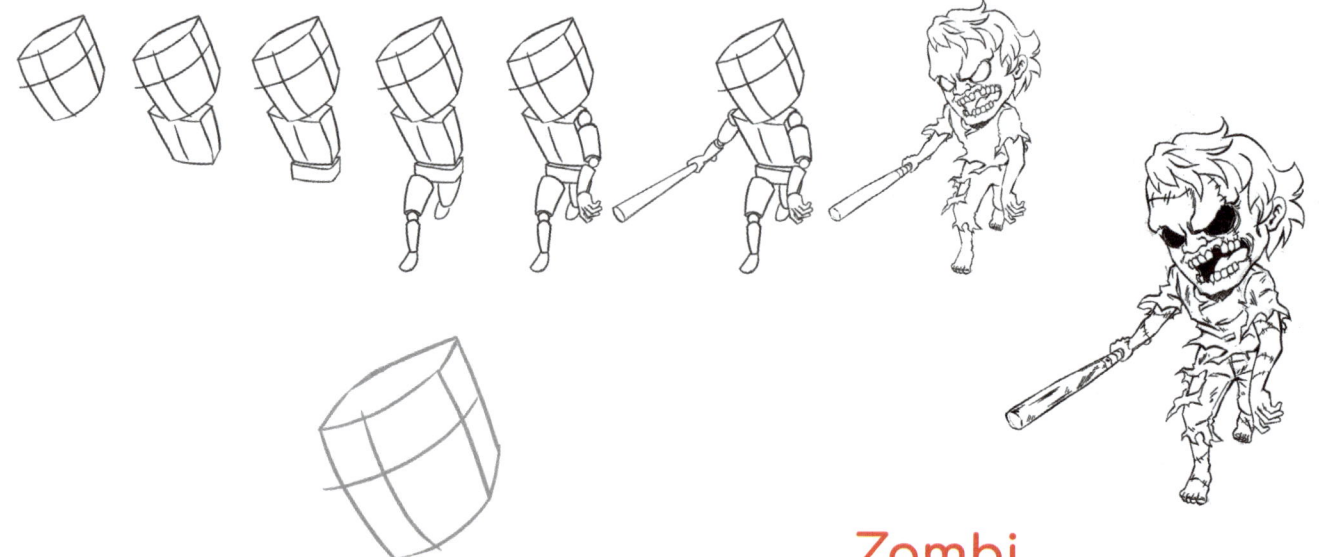

Zombi

Para dibujar este zombi, empieza
por una enorme cabeza. Camina
tambaleándose y el brazo
que cuelga junto a su cuerpo
parece dislocado. Tiene el rostro
deformado, con grandes dientes
cuadrados, ojos vacuos, cicatrices
por todas partes... Lleva la ropa
rasgada y un bate de béisbol.

Día **254**

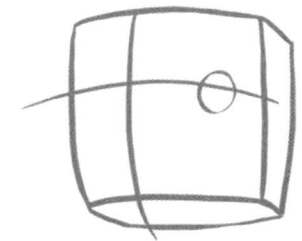

Momia

La cabeza de la momia es cuadrada
y proporcionalmente más grande
que el cuerpo. Representar las
vendas requiere una gran precisión.
Para darle un toque de película
de terror, puedes dejarle un ojo
descubierto.

Día **255**

Calcetín de Navidad

¡Un indispensable para la chimenea, si quieres recibir tus regalos! La parte superior es de borreguillo, y no hay que olvidarse de la tira para colgarlo. Este tiene corazones, pero decóralo con los dibujos que prefieras.

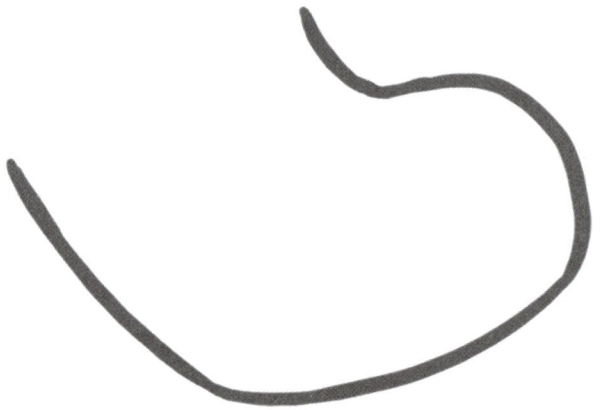

Día **256**

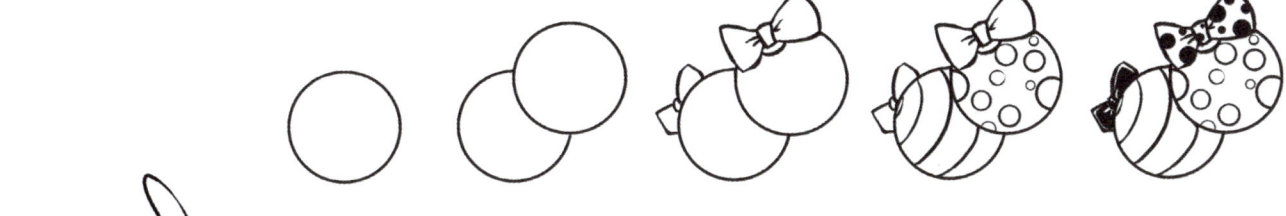

Bolas
de Navidad

Para estas bolas de Navidad, traza dos círculos perfectos, añádeles un lazo y un cordel para colgarlas y decóralas dando rienda suelta a tu imaginación.

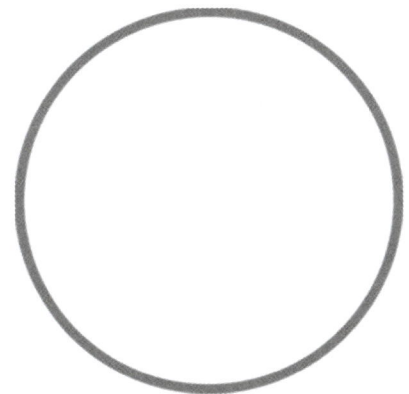

Día **257**

Acebo

Tres pequeños círculos, tres trazos para los nervios centrales de las hojas y unos cuantos picos darán forma a tu rama de acebo.¡Es imprescindible para la decoración navideña!

Día **258**

Campanillas de Navidad

Para dibujar unas bonitas campanillas, comienza por la silueta de la primera. Añade una segunda pegada a la anterior y un pequeño trazo horizontal en cada una. Remata el conjunto con un gran lazo.

Día **259**

Galleta de Navidad

Las galletas de jengibre en forma de hombrecillo son deliciosas y muy fáciles de hacer. Comienza con un semicírculo para la cabeza y luego añádele brazos y piernas, como si fuera la silueta de una sombra. Una bonita sonrisa, unos botones, una pajarita y ¡ñam, ñam!

Día **260**

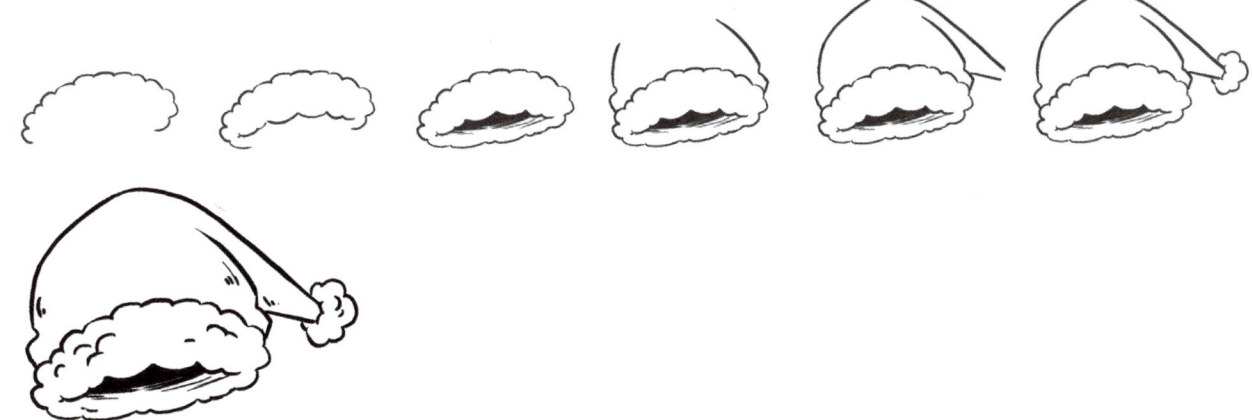

Gorro navideño

¡Un complemento
indispensable para Papá Noel!
La parte baja y el pompón
tienen forma de nube.

Día **261**

Árbol de Navidad

Comienza por el extremo superior del árbol y luego añade los niveles inferiores, tres en total. Termina con el tronco, unas bonitas bolas de decoración, muchos regalos... y una preciosa estrella en lo alto.

Día **262**

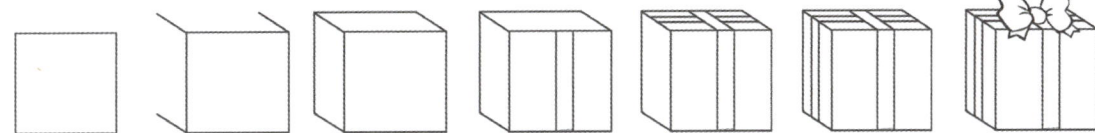

Regalo

Para los célebres regalos de Navidad, traza primero un cuadrado y luego dale volumen para formar un cubo. Añade una cinta en el centro y un bonito lazo encima.

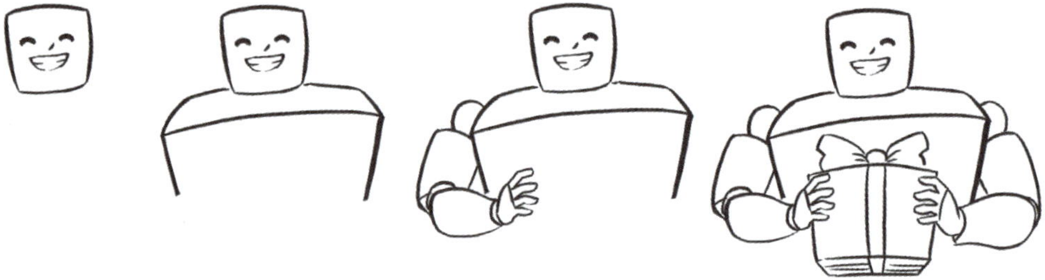

Papá Noel

Una larga barba blanca, una preciosa capa y un regalo entre las manos: HOHOHO, Papá Noel ha llegado.

Día **264**

Mamá Noel

¿A quién no le gusta la Navidad,
los villancicos, las comilonas y...
¡los regalos del 25 de diciembre?
Para dibujar a Mamá Noel, la
clave está en los accesorios.
Ponle un gran abrigo de piel,
un bonito gorro con pompón y
sobre todo un enorme regalo en
la mano.

Día **265**

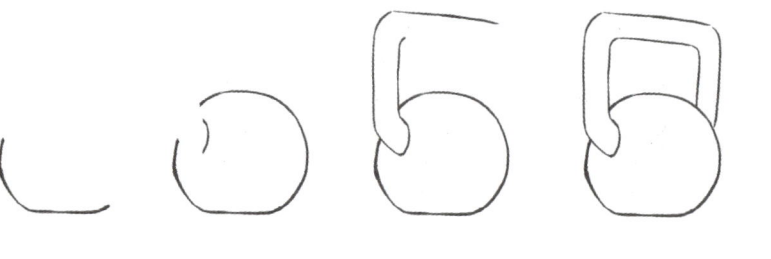

Pesas de musculación

Para dibujar esta pesa rusa de 20 kg, realiza un trazo plano en la parte baja de la bola para que no ruede. Añade el asa para poder levantarla. ¡Empecemos con una buena sesión de deporte!

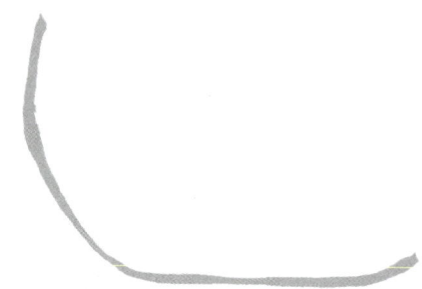

Día **266**

Mancuerna

Para dibujar una mancuerna, comienza por la barra central en relieve. Traza el primer disco y luego el segundo. La perspectiva es muy importante.

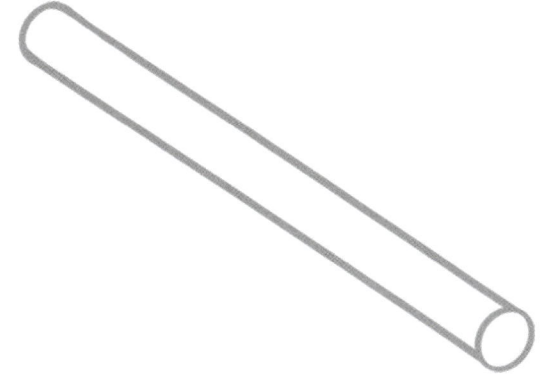

Día **267**

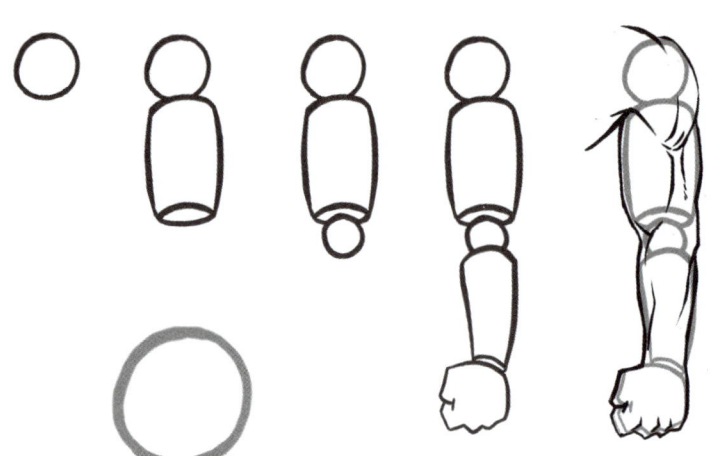

Brazo musculado

Dibuja, en primer lugar, la base. Luego sitúa los principales músculos del brazo, deltoides, bíceps, tríceps, y el antebrazo. No olvides respetar el volumen y el tamaño de los distintos músculos.

Día **268**

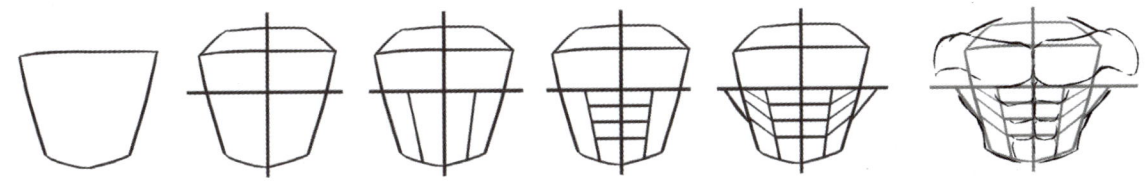

Torso musculado

La silueta del torso es claramente más ancha a la altura de los hombros. La parte superior representa los pectorales y la parte inferior, los abdominales. En ocasiones, el torso está tan musculado que los brazos ¡dejan de tocar los costados!

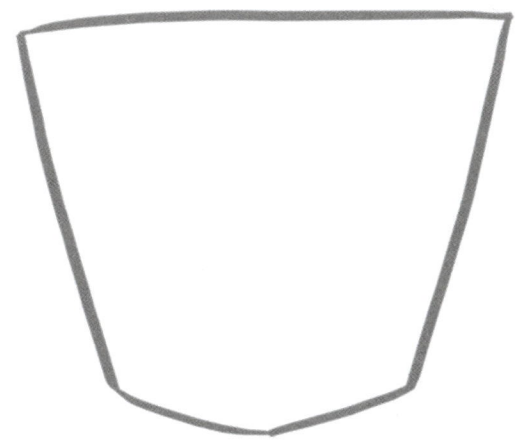

Día

269

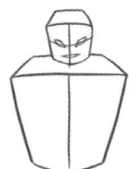 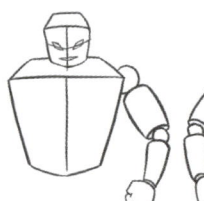 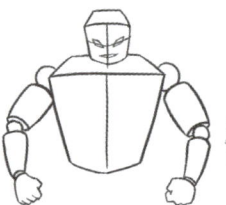  

León musculoso

Comienza dibujando la base de un cuerpo humano. Añade luego una bonita melena leonina, unos largos bigotes y, por supuesto, unos aterradores ojos felinos. ¿Te atreves a aceptar un duelo?

Día **270**

Entrenamiento intensivo

Aquí tienes un zorro levantando pesas. En el manga, ¡todo es posible! Comienza a dibujar el personaje como si fuera un ser humano. Luego añádele el pelaje, la cola y la cara de zorro.

Día **271**

Arma robótica

Esta destructiva arma robótica tiene forma cónica. La parte baja es redondeada, con trazos curvos que representan el mango. Es un arma mortífera.

Día **272**

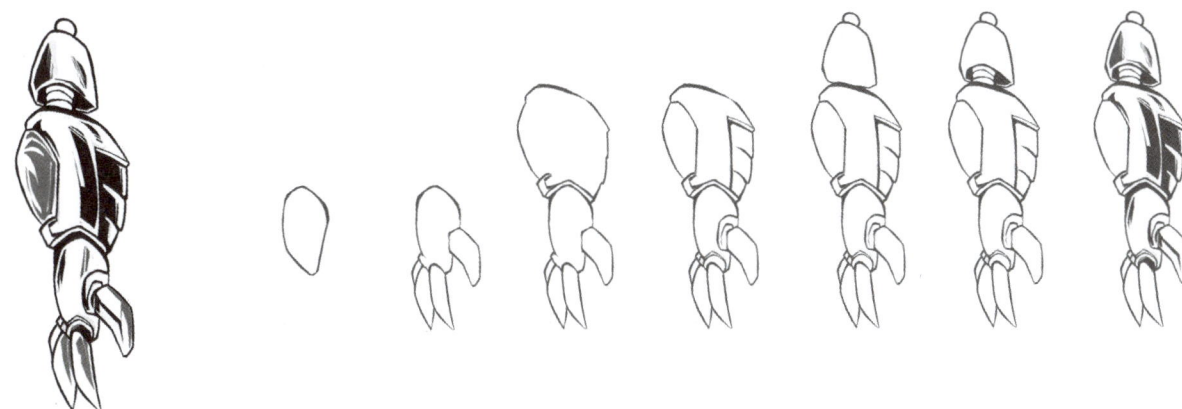

Brazo robótico

Dibuja la mano y añádele garras. Traza la segunda sección del brazo, con algo más del doble de tamaño que la mano. Termina por el hombro, otra parte importante de este brazo robótico.

Día **273**

Robot volador

Para este robot sin cuerpo, dibuja primero la cabeza y luego el torso en forma de gran V. Este robot volador, que planea un virulento ataque con su bola de energía, se mantiene en el aire gracias al turbo que sale de su torso.

Día

274

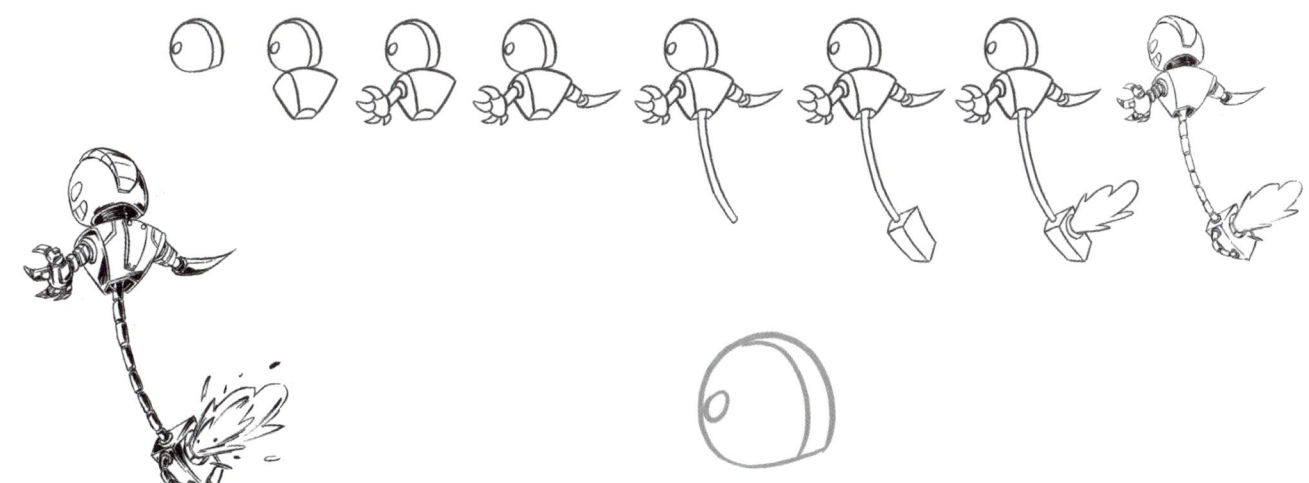

Robot malvado

Este robot está construido a partir de una lavadora y tiene un brazo con forma de cuchillo de cocina. Los objetos de la vida cotidiana pueden servirnos de inspiración.

Día **275**

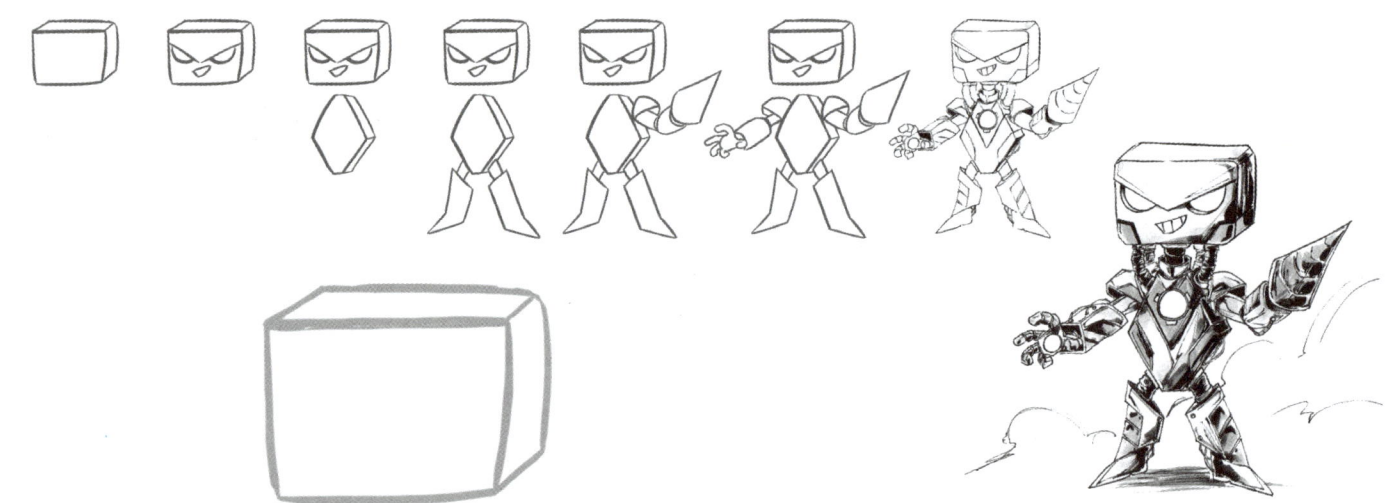

Pequeño robot

He aquí un robot que no parece dispuesto a aceptar muchas bromas. Tiene la cabeza rectangular y el cuerpo en forma de rombo. Bien apoyado sobre las piernas y con botas de vaquero, esboza una sonrisa maquiavélica que asusta.

Día **276**

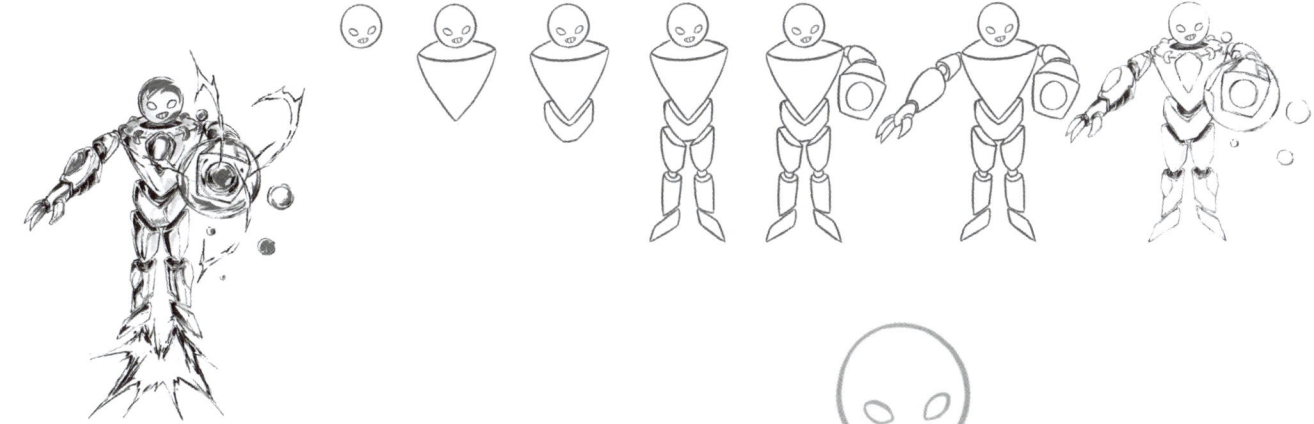

Robot
destructor

Este es el robot del apocalipsis.
Dibújale la cabeza circular, el
cuerpo en forma de triángulo
y las caderas como un queso
redondo al que le falta un cuarto.
Está flotando, con las piernas
rectas y el arma apuntando a la
multitud...

Día **277**

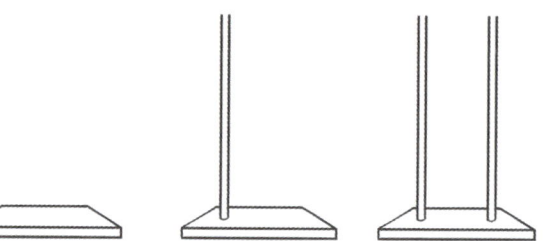

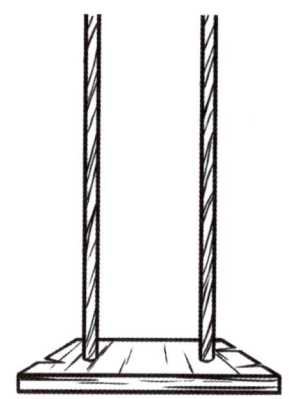

Columpio

Para dibujar un columpio, necesitas una base plana. Luego dale volumen. Añade las dos cuerdas en vertical y unos trazos que aporten textura a la tabla de madera y a las sogas.

Día **278**

Decoración floral

Dibuja una flor principal en el centro y otras solapadas a los lados y por encima. Cada flor es diferente y hay también algunos capullos. Por debajo, añade las hojas.

Día **279**

Chico prendado

Sentado en un columpio, este muchacho sonríe discretamente, con el rostro ladeado y los pies colgando. Para la base de la parte inferior, esboza las caderas hacia delante y las piernas, dobladas. Con una mano, se agarra a la cuerda; la otra reposa sobre su pierna. Decora el columpio con bonitas flores para representar el amor.

Día **280**

Chica enamorada

Esta muchacha sentada en un columpio tiene el rostro ligeramente girado hacia un lado. Se ríe con ganas. No tiene las caderas adelantadas y sus piernas están casi cruzadas. Con una mano, se agarra a la cuerda para no caer. La otra la mantiene apoyada en el columpio.

Día **281**

Arco de Cupido

El arco de Cupido está formado por dos líneas sinuosas paralelas. La cuerda se tensa hacia atrás. La flecha con el corazón apunta a todas las almas solteras que desean encontrar el amor.

Día **282**

Cupido

Este pequeño Cupido se mantiene en pie sobre una nube, con las piernas ligeramente separadas. Inclina el torso para tensar el arco al máximo, ayudándose con las alas a guardar el equilibrio. Coronado por un sombrero, tal vez sea a ti a quien está dirigiendo el corazón de su flecha.

Día **283**

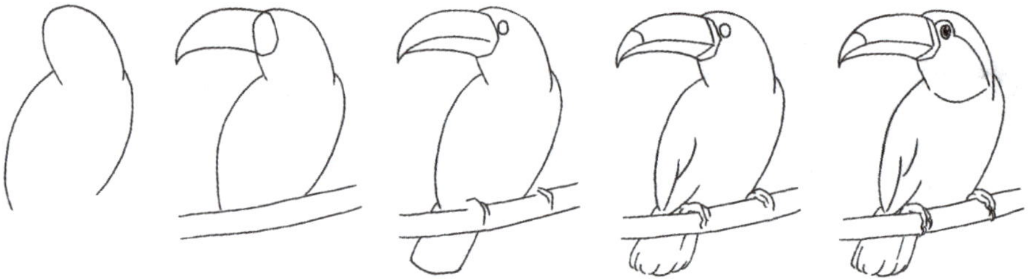

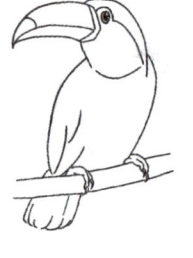

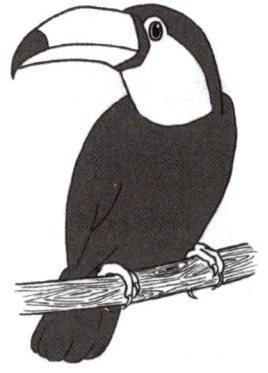

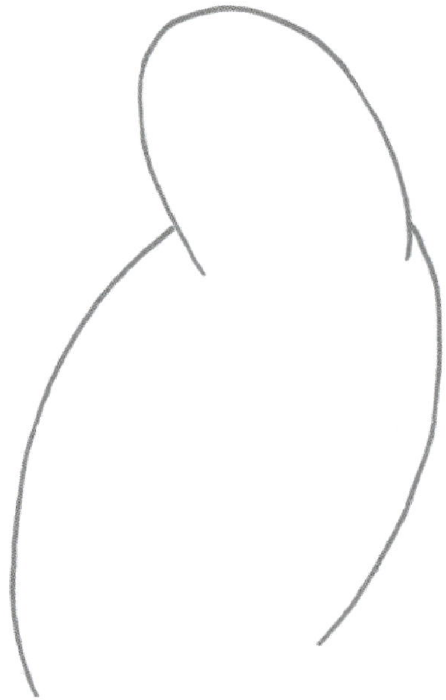

Tucán

Esta bonita ave tropical es fácil de reconocer gracias a su pico largo, ancho y con el extremo negro. Su cuerpo rechoncho termina en una larga cola plana y sus pequeñas patas están dotadas de garras.

Día **284**

Águila

En vuelo, con las patas plegadas bajo la cola, el cuerpo de esta majestuosa ave tiene forma ahusada. Sus grandes alas poseen unas largas plumas en los extremos que se despliegan como abanicos.

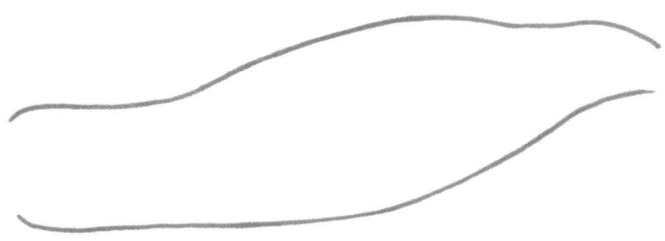

Día
285

Cocodrilo

El cocodrilo debe su amenazador aspecto a una enorme cabeza y unas fauces alargadas y adornadas con ¡decenas de dientes! Su cuerpo es parecido al de un lagarto y termina en una cola larga y escamosa.

Cangrejo

Este pequeño crustáceo de playa tiene el cuerpo cuadrado y unos adorables ojos redondos al final de unas antenas. Sus patas son similares a las de una araña, pero posee además dos pinzas asimétricas.

Día **287**

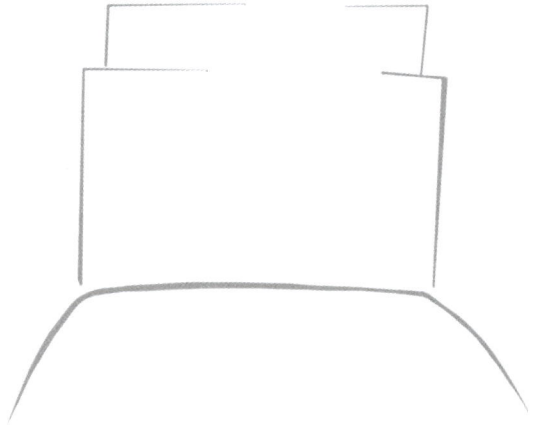

Templo japonés

El templo japonés es un símbolo de Japón y una magnífica construcción apreciada por su arquitectura y su historia.

Día **288**

Cabaña

Las cabañas suelen encontrarse en los bosques o en plena naturaleza. Hay quien las construye en los árboles para divertirse trepando a ellas. Son un decorado perfecto para las aventuras infantiles.

Día **289**

Godzilla

Esboza las figuras geométricas correspondientes a las distintas partes del cuerpo. Define los miembros y la cola y dibuja la cabeza con unas fauces llenas de dientes. Añade escamas sobre el vientre y el resto del cuerpo, y no te olvides de las espinas dorsales.

Día **290**

King Kong

Esboza las figuras geométricas correspondientes a las distintas partes del cuerpo. Representa la expresión de cólera del rey de los simios y define las manos y los pies. Dibuja el torso y por último añade pelaje a King Kong.

Día **291**

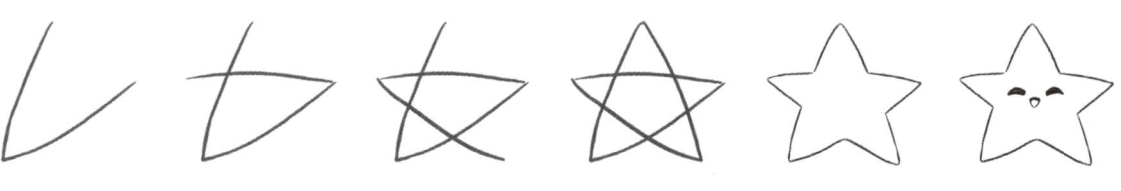

Estrella *kawaii*

Esta estrella tiene cinco puntas: la cabeza, los brazos y las piernas. Su aspecto es tan gracioso y adorable que ¡dan ganas de darle un abrazo!

Día
292

Astronauta

Oculto bajo el mono y la escafandra, el astronauta de este dibujo resulta misterioso. ¿Se ha traído algunas estrellas de su viaje por el espacio? Cada detalle cuenta, así que déjate llevar por la imaginación...

Día **293**

Collar maorí

Para este bonito collar, dibuja un abalorio de gran tamaño en el centro y otros más pequeños de decoración.

Día **294**

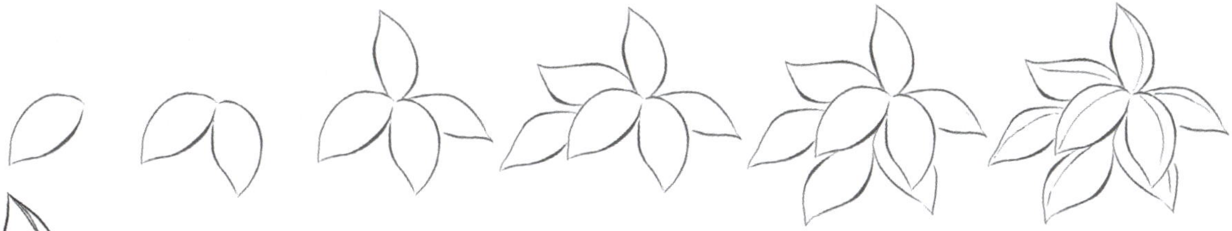

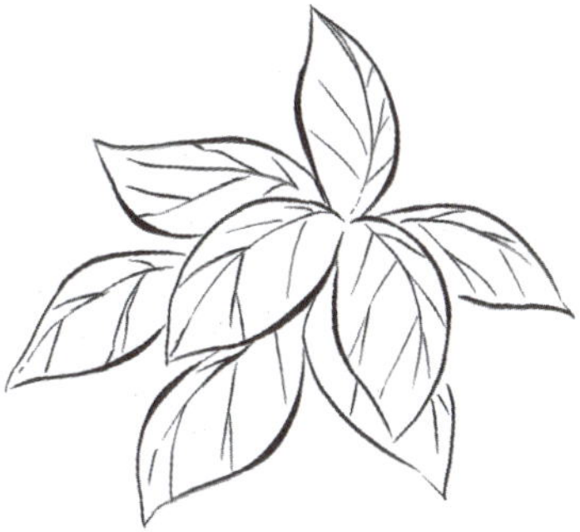

Hojas

Dibuja tres grandes hojas por encima y añade otras más pequeñas alrededor. Traza los nervios principales y los secundarios.

Día 295

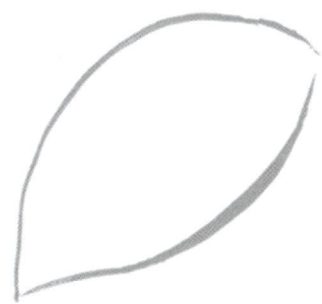

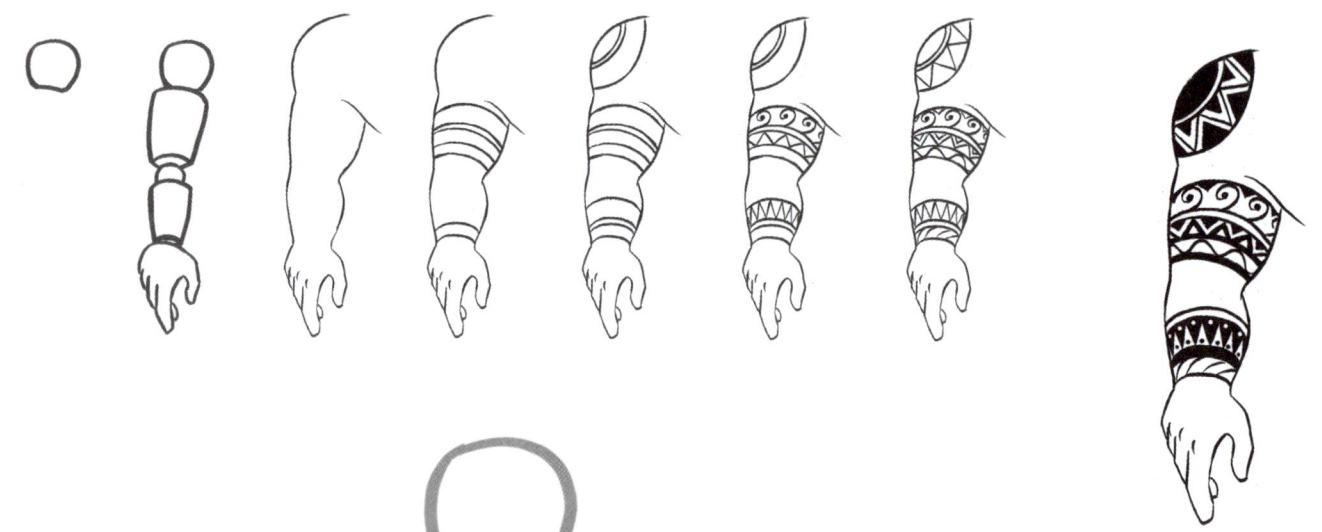

Tatuaje maorí

Para realzar el tatuaje, dibuja un brazo musculado. Realiza motivos diferentes en el hombro, el bíceps y la muñeca.

Día **296**

Maorí

Este hombre con tatuajes polinesios presenta una espalda fuerte, un cuerpo musculado y una cabellera larga y bien peinada. Reparte tatuajes por su cuerpo y, como remate, añádele un atuendo tradicional festivo, un gran collar y una amplia sonrisa.

Día **297**

Cocinero encolerizado

Este chef ha perdido la paciencia. ¡Alguien está recibiendo una buena regañina! El personaje gesticula con las manos, agitando utensilios de cocina, pero el gorro no se le mueve ni un pelo. Tiene los ojos rabiosos y vocifera con la boca muy abierta. Para intensificar la escena, puedes añadir onomatopeyas.

Día **298**

Glotona

Esta pequeña está a punto de devorar un buen pedazo de tarta. La porción es casi tan grande como ella, sin embargo da la impresión de que va a comérsela en un abrir y cerrar de ojos. Para darle un toque *kawaii*, añádele accesorios y decora bien el pastel. ¿A que no te importaría darle un mordisco?

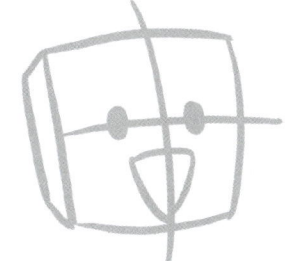

Día

299

Flechazo

Lo ha sabido nada más verla: acaba de encontrar al amor de su vida. Su cuerpo le dice que es la adecuada. El personaje tiene las piernas separadas, las manos levantadas hacia la cara y los ojos repletos de amor.

Día **300**

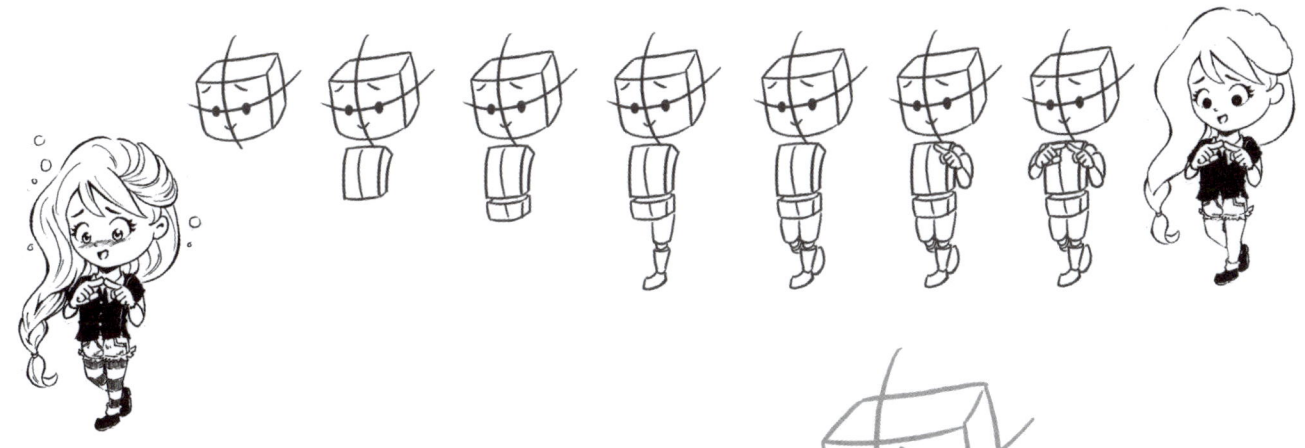

Muchacha tímida

Esta chica se siente bastante incómoda. Con la pierna trasera ligeramente cruzada, no se atreve a levantar la mirada, junta los dedos y se ruboriza.

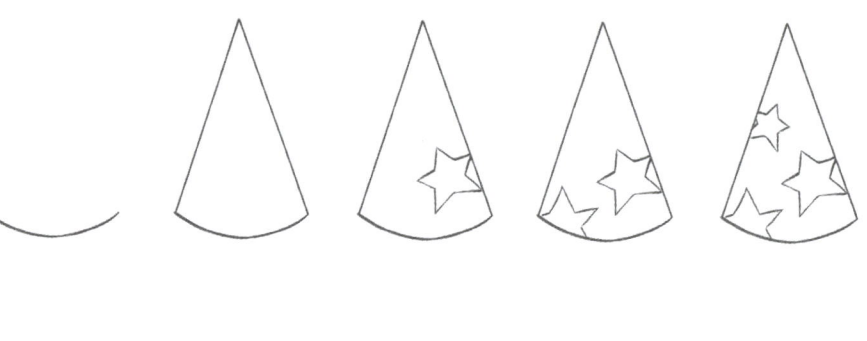

Gorro de fiesta

Este gorro apuntado es muy fácil de dibujar. Tiene la ventaja de servir para multitud de situaciones, ya que puedes jugar con la decoración e imaginar diferentes motivos.

Día **302**

Gorro de bufón

Este bonito gorro con cascabeles es muy divertido. Juega con la decoración y los detalles para darle un toque único.

Día **303**

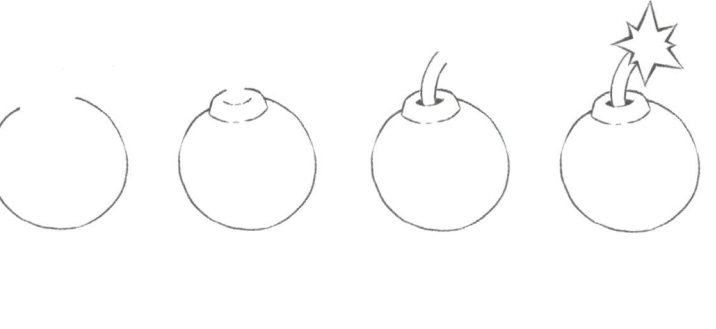

Bomba

Para dibujar una bomba, traza un gran círculo, una mecha bien grande y una estrella de ocho puntas que indique que está a punto de estallar.

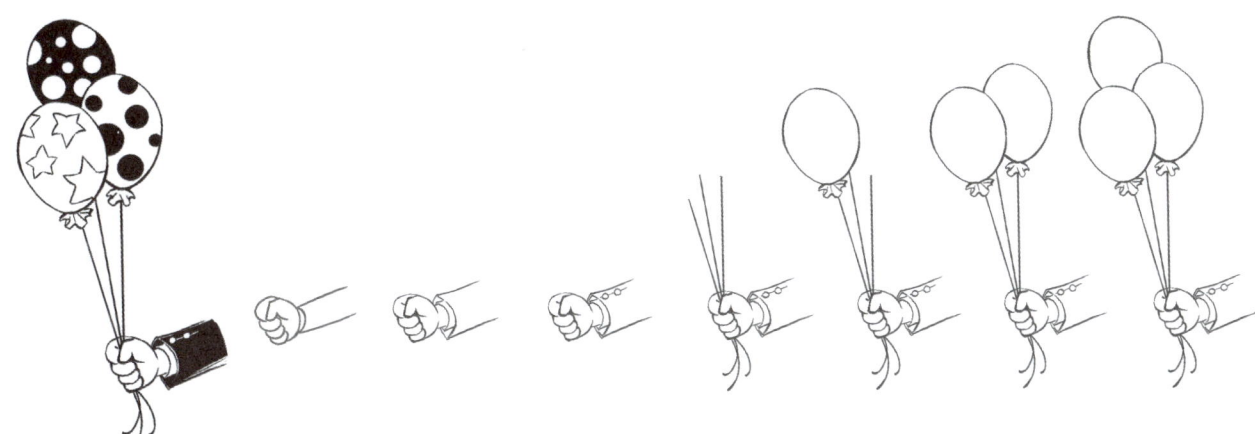

Globos
de payaso

Dibuja una mano que sujete los globos. La palma está cerrada y un cordel impide que los tres globos se escapen volando. Puedes añadir una decoración diferente a cada uno.

Día **305**

Vestida de payaso

Aquí tienes un divertido y atractivo payaso listo para la fiesta. Dibújale un rostro sonriente y dos coletas adornadas con un bonito lazo. El personaje hace un gesto con una mano y sujeta dos globos con la otra. ¡Añade un toque de locura al traje!

Día **306**

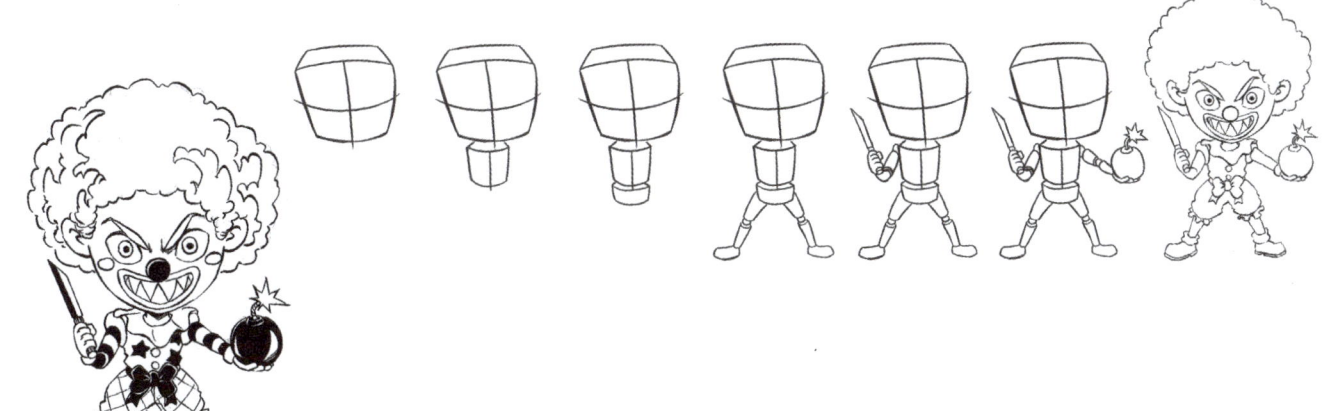

Payaso terrorífico

A este tipo de payaso no conviene provocarlo. Armado con un cuchillo en una mano y una bomba en la otra, no será muy bienvenido en una fiesta de cumpleaños. Dibújale una enorme boca con dientes puntiagudos, unos ojos muy abiertos y con las cejas fruncidas y, como toque final del traje, una peluca bien voluminosa.

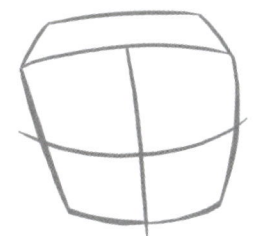

Día **307**

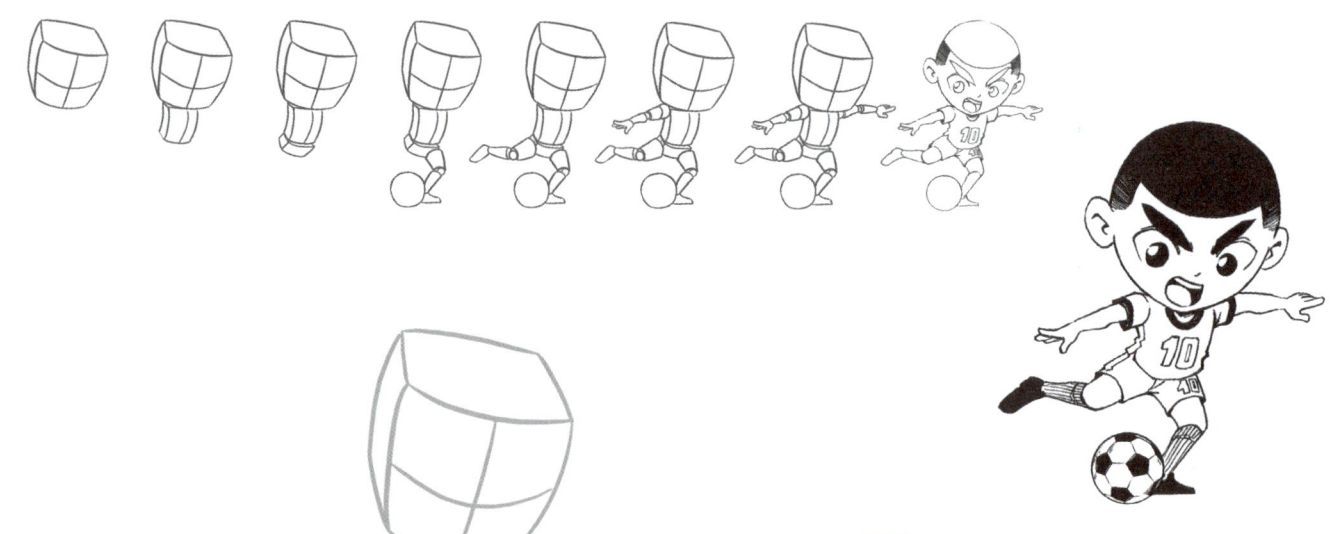

Tiro a puerta

En esta ocasión, dibuja un jugador de fútbol dispuesto a marcar un gol. Apoyado sobre una pierna, flexiona la otra hacia atrás para tomar impulso y apuntar. Tiene los brazos en horizontal para conseguir más estabilidad. Con expresión concentrada, se prepara para lanzar a portería.

Día **308**

Jugador
de fútbol

El cuerpo de este futbolista está totalmente inclinado hacia delante, casi en horizontal. Tiene la mirada fija en el balón, dispuesto a golpearlo con la cabeza.

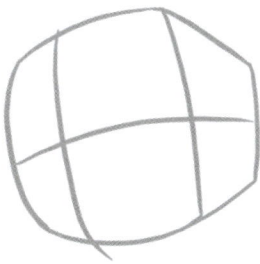

Celebración de un gol

¡Este personaje está a punto de celebrar un gol! Se encuentra en movimiento, con una pierna extendida y la otra flexionada hacia atrás. Lleva los brazos abiertos para abrazar a sus compañeros de equipo.

Día **310**

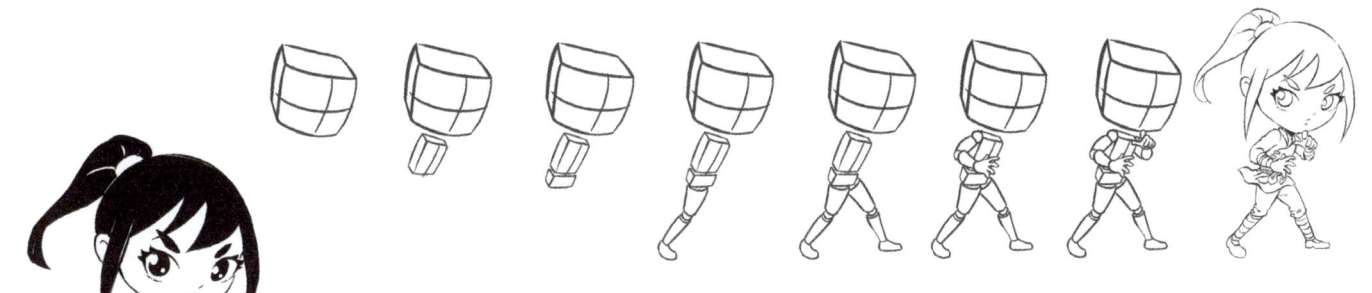

Kung-fu

Esta chica practica kung-fu. Apoyada sobre ambos pies, se muestra a la expectativa, con los brazos y las manos colocados en posición de defensa. Los detalles resultan importantes: su coleta alta y su mirada fija anuncian que el combate será duro.

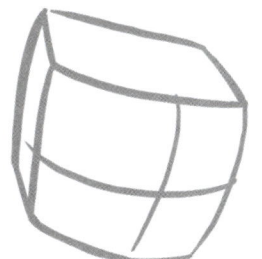

Día **311**

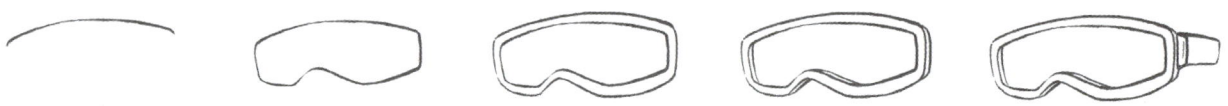

Gafas de esquí

Es un complemento indispensable para esquiar y poder disfrutar del magnífico paisaje montañoso.

Día

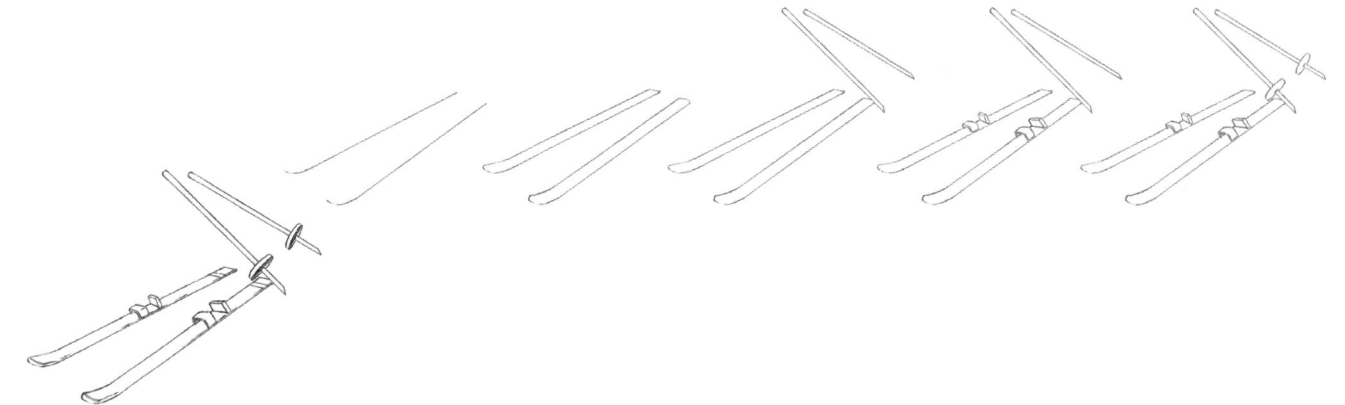

Equipo de esquí

¿Qué sería de un esquiador sin su equipo? Son objetos alargados, así que puedes utilizar una regla para trazar el contorno de cada elemento.

Día **313**

Muñeco de nieve

Traza un círculo grande para el cuerpo y otro más pequeño para la cabeza. Añade un sombrero y una zanahoria a modo de nariz. Unas ramas con unas manoplas en los extremos harán las veces de brazos. ¡Y no olvides la bufanda alrededor del cuello!

Día **314**

Chibi esquiadora

Dibuja las piernas separadas al ancho de las caderas y ligeramente flexionadas. La chica lleva un bastón en cada mano y el pelo suelto, además de unas gafas, un gorro para abrigarse, una chaqueta y, por supuesto, ¡los esquís!

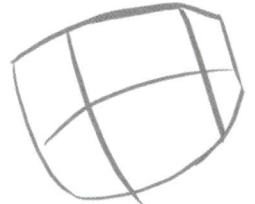

Día

315

Estrella de mar

Esta estrella de mar tiene cinco puntas, unos grandes ojos redondos y una pequeña sonrisa.

Día **316**

Concha *kawaii*

Para conseguir una bonita concha, dibuja ondulaciones en la parte superior de la base y realiza trazos interiores para aportar volumen al dibujo. Añade unos grandes ojos redondos y una bonita sonrisa. ¡Qué adorable!

Día **317**

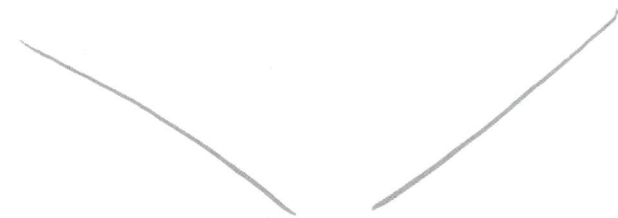

Palmera

Para dibujar una palmera, representa primero las grandes hojas de esta planta. Agrega algunos cocos para darle un toque tropical. Traza luego dos líneas paralelas para el tronco y añádele unos trazos en horizontal.

Día **318**

Surfeando olas

El surf es un deporte que atrae a grandes y pequeños. Deslizarse sobre las olas de esa manera ¡es increíble!

Día **319**

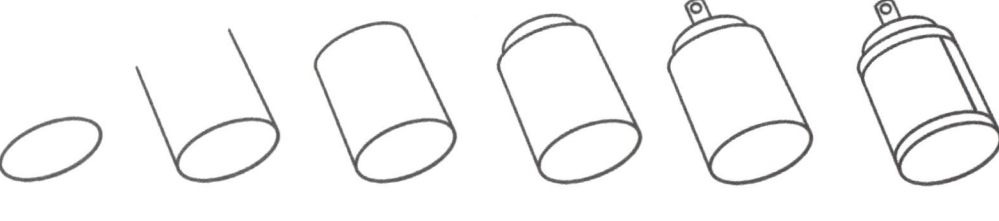

Pintura en espray

¿Quién no ha soñado alguna vez con pintar un grafiti sobre un muro? ¡Utiliza un espray y tu imaginación para cumplir tu sueño!

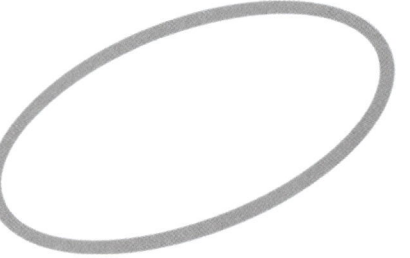

Día **320**

Grafiti Mango

En un grafiti, variar el tamaño de las letras aporta fuerza a las palabras, como en este ejemplo. Añade algún efecto adicional, como pintura goteando o burbujas. ¡Artistas, coged vuestros espráis!

Día **321**

Grafitero

Este grafitero no parece muy contento. Tiene una mano en un bolsillo y con la otra sujeta el espray, en postura relajada. Lleva unas zapatillas deportivas, una camiseta y una poblada barba. ¡Menudo estilo!

Día **322**

Explosión

Realiza círculos superpuestos con trazos gruesos. Las líneas en vertical y los destellos reflejan la fuerza del impacto. La bomba ha causado estragos.

Día **323**

Balón de voleibol

Un círculo y tres líneas ligeramente curvas son el punto de partida de este balón. Añade luego otras dos líneas en cada espacio interior.

Día **324**

Silbato

Un silbato parece un 9 invertido. Tiene un pequeño orificio para soplar y otro en la parte superior para que salga el aire. ¡Alto!, acaban de pitar el final del partido.

Día **325**

Remate

¡Atención, jugador de voleibol en movimiento! El jugador se dispone a golpear el balón en el aire. Dibuja las piernas flexionadas y el brazo hacia atrás, tomando impulso.

Día **326**

Recepción
de voleibol

Apoyada sobre ambos pies,
la jugadora junta las manos
para recibir el balón. Su
rostro muestra una expresión
combativa. Ya solo queda
añadirle el uniforme y ajustarle
las rodilleras.

Día **327**

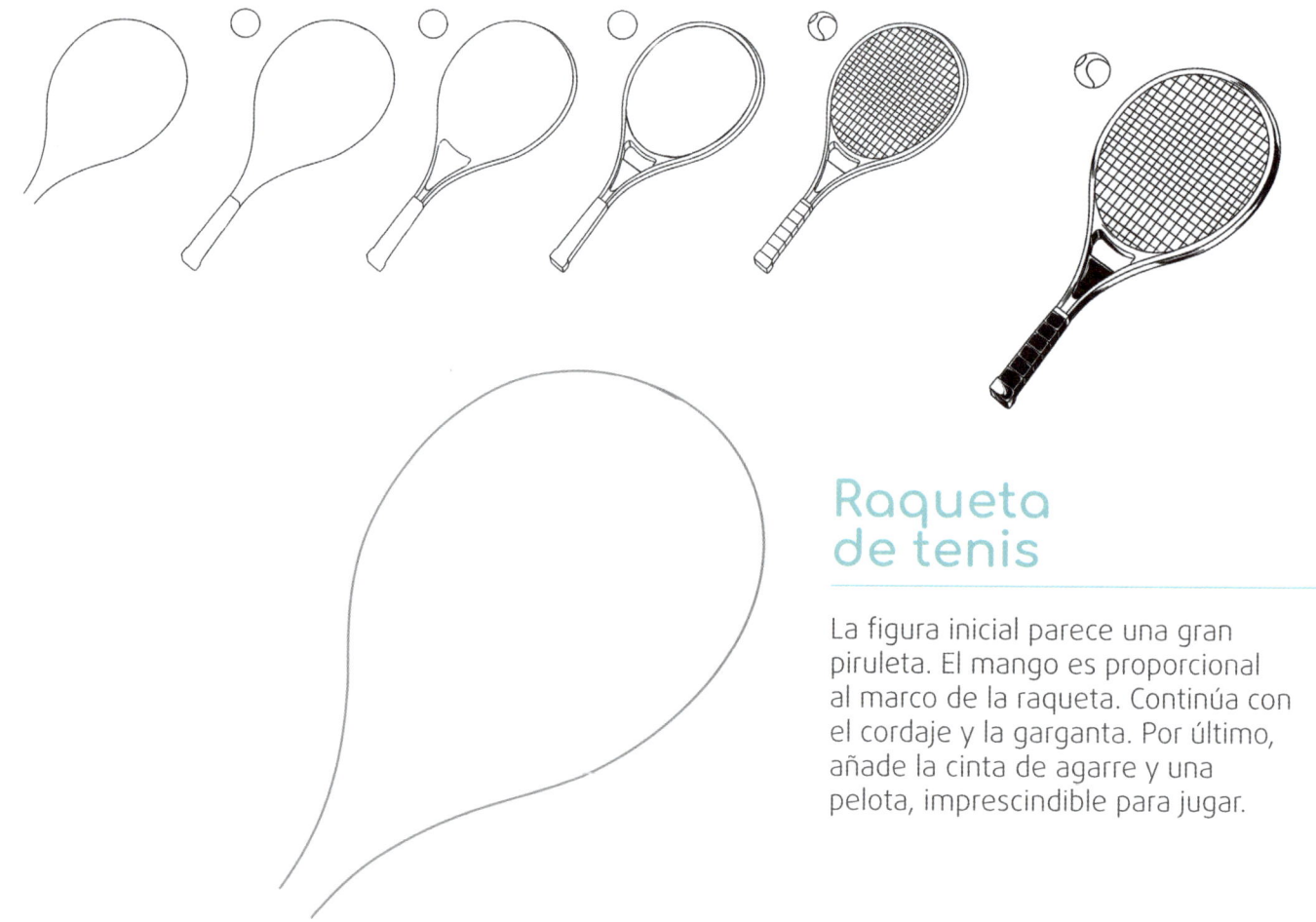

Raqueta de tenis

La figura inicial parece una gran piruleta. El mango es proporcional al marco de la raqueta. Continúa con el cordaje y la garganta. Por último, añade la cinta de agarre y una pelota, imprescindible para jugar.

Día **328**

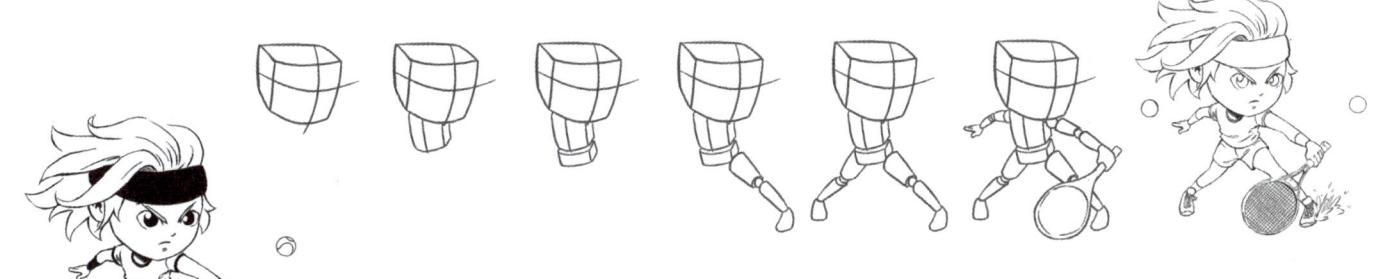

Campeón de tenis

El cuerpo inclinado de este jugador de tenis se apoya principalmente en la pierna delantera. Tiene un brazo hacia atrás para mantener el equilibrio y el otro extendido para interceptar la pelota. Dibújale una cinta en el pelo para evitar que las gotas de sudor le caigan por la frente. ¡Bola de partido!

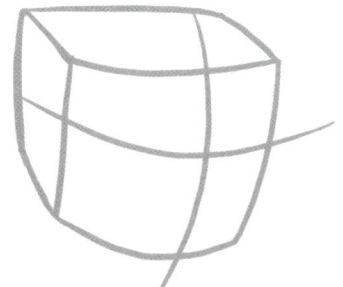

Día **329**

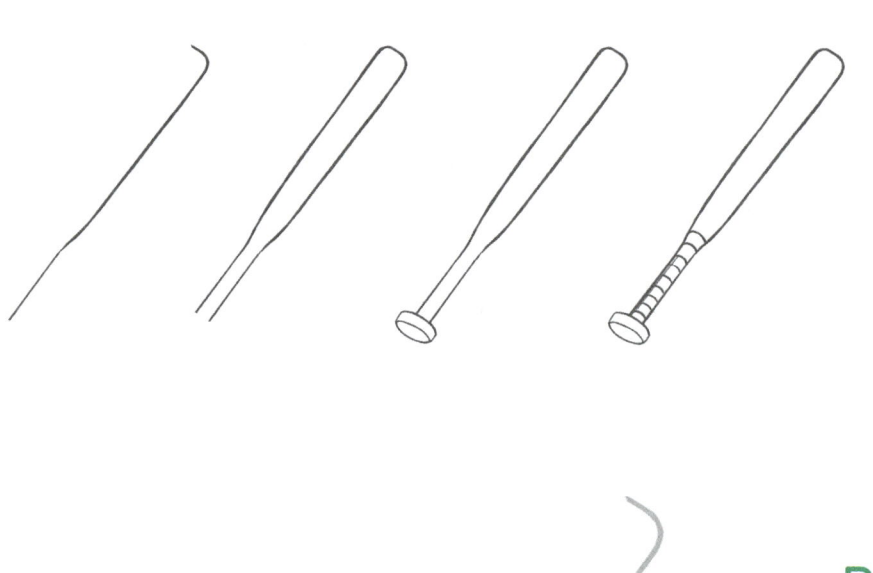

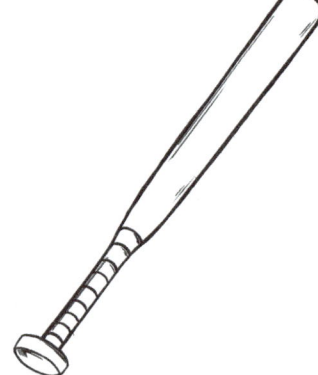

Bate de béisbol

El bate tiene forma de cilindro largo. Para la empuñadura, realiza trazos en horizontal.

Día **330**

Jugadora de béisbol

Esta jugadora de béisbol se apoya firmemente en las piernas, una flexionada y la otra extendida, y sujeta el bate con ambas manos. Dibújale un casco y un bonito atuendo deportivo. El pelo lo lleva recogido en una coleta para que no le moleste.

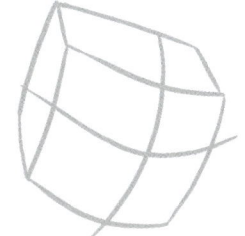

Día **331**

Bandera japonesa

Para representar la bandera de Japón, basta con dibujar un rectángulo con un círculo rojo en el centro. Para darle un aspecto más realista, añade pliegues y curva la bandera en el sentido del viento.

Día

332

Monte Fuji

El monte Fuji es un destacado símbolo de Japón. Verlo resulta un verdadero espectáculo. Aquí aparece rodeado de nubes. Al llegar a la cima del monte Fuji, por encima de las nubes, podrás pedir deseos y convertirlos en realidad.

Día **333**

 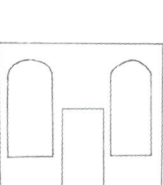    

Escaparate de pastelería

¡Una tarta resulta tan bella como deliciosa! Para crear un escenario, dibuja el escaparate con los pasteles más hermosos que puedas imaginar.

Día **334**

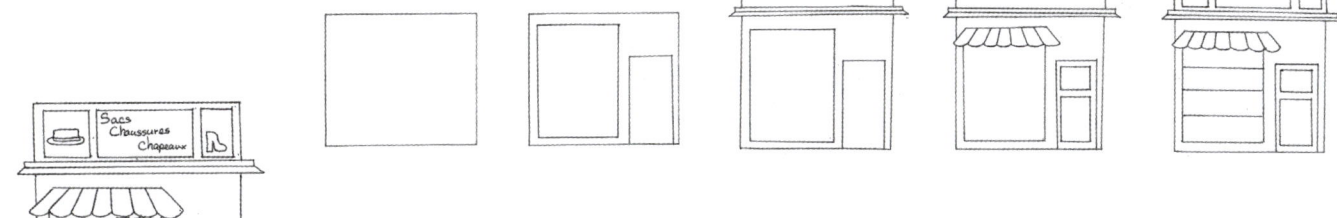

Escaparate de *boutique*

En las tiendas de complementos, puedes encontrar todo tipo de joyas y accesorios. Coloca objetos variados tras la vidriera y resultará el fondo perfecto para un paseo por la ciudad de tus personajes.

Día **335**

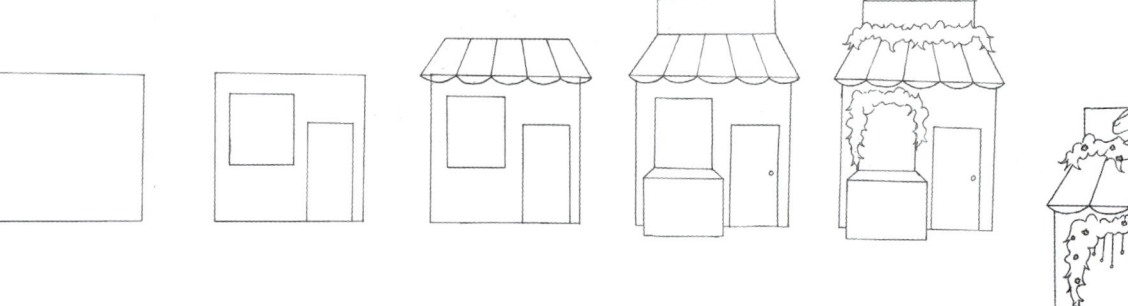

Escaparate de café

Los cafés son lugares que pueden estar tan bien decorados por dentro como por fuera, dependiendo del gusto y la imaginación del propietario.

Día **336**

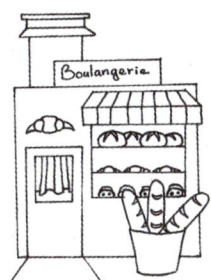 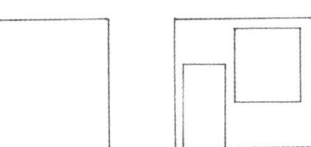 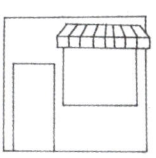 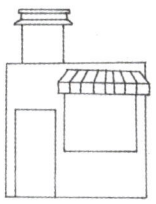 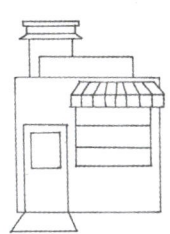

Escaparate de panadería

Una panadería, con su aroma a pan crujiente, es un lugar que siempre resulta acogedor. ¡La fachada también puede reflejar el ambiente del local!

Día **337**

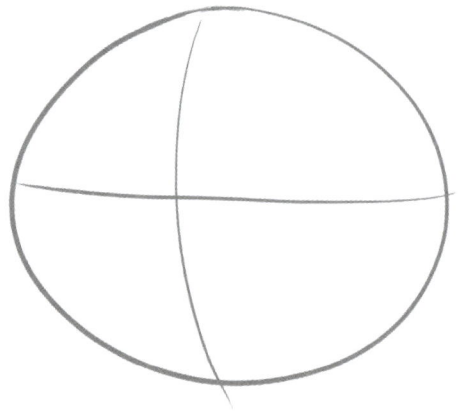

Chibi asustada

Un personaje atemorizado suele apretar los dientes, tener sudores fríos y temblar. Los ojos incluyen, por lo general, menos reflejos y las líneas de sombreado resaltan el malestar del *chibi*.

Día

338

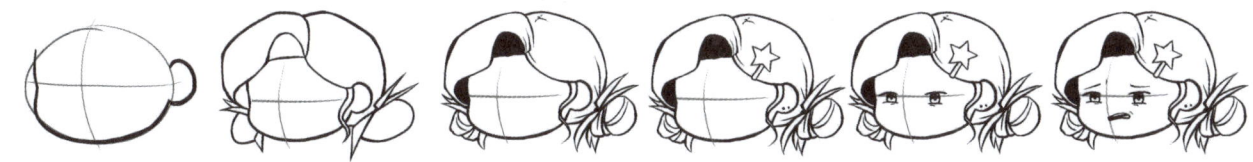

Chibi asqueada

Un rostro asqueado está contraído, de modo que le aparecen arrugas en las comisuras de la boca, bajo los ojos y a la altura de las cejas. En el manga, se suelen añadir líneas de sombreado para expresar el malestar de un personaje.

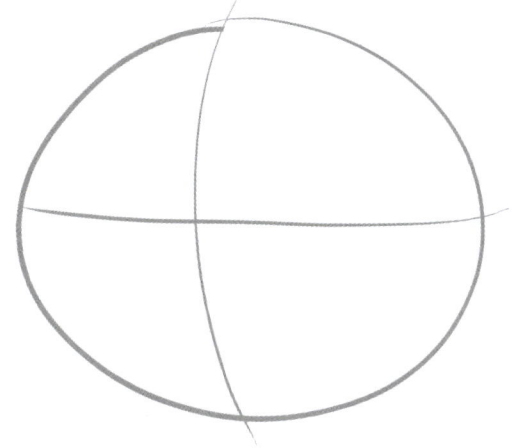

Día

339

Chibi dormido

Los menos afortunados babean cuando duermen..., como le sucede a este *chibi*. Esto le da un aspecto cómico y refleja que su sueño es profundo. Los ojos cerrados suelen representarse más bien caídos.

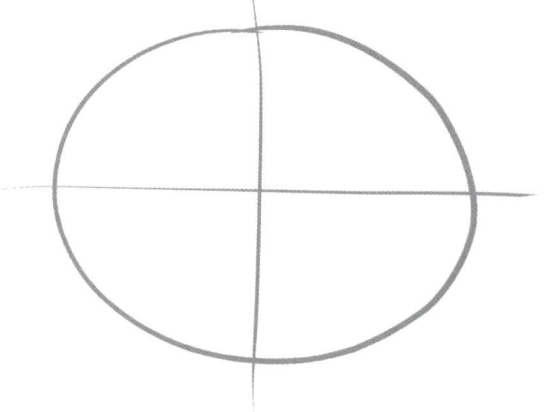

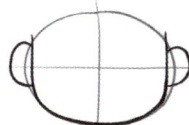

Chibi ofendido

Un *chibi* ofendido se muestra triste, pero no llega a deshacerse en lágrimas. Se siente herido por algo y trata de contener la emoción. El personaje desvía la mirada, aguanta el llanto y tiene las cejas algo bajas.

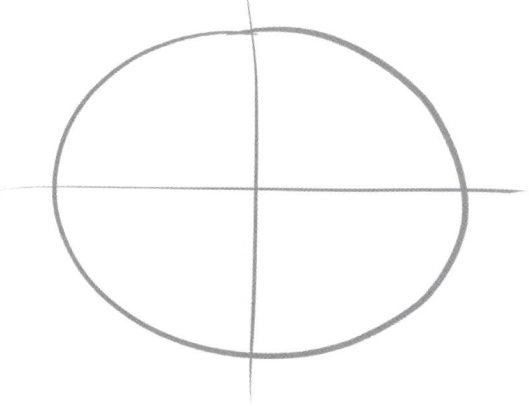

Día **341**

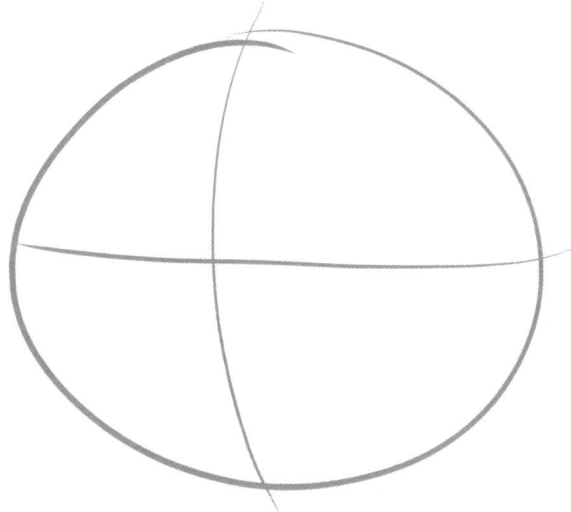

Chibi enamorada

Para dibujar un rostro enamorado, no dudes en ruborizar al personaje mediante líneas de sombreado. También puedes añadir más reflejos de lo habitual a los ojos y salpicar corazones alrededor del *chibi*.

Día **342**

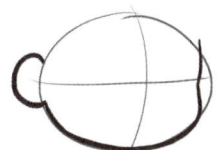

Chibi
avergonzada

En el manga, cuando un personaje está avergonzado, suele desviar la mirada y ruborizarse. También pueden aparecerle gotas de sudor perlándole la frente. Aquí, la *chibi* sonríe, tratando de ocultar su vergüenza.

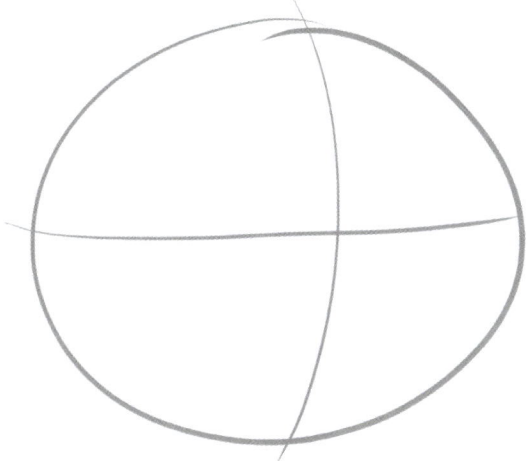

Día **343**

Fénix

Esta majestuosa criatura tiene el poder ¡de resurgir de sus cenizas! Comienza esbozando la forma general del cuerpo, el esquema de la cola, las alas y las patas. Dibuja las diferentes hileras de plumas antes de añadir las llamas.

Día **344**

Kappa

El *kappa* es un *yokai* bastante peligroso que forma parte del folclore japonés. Toda su maldad está contenida en su cráneo en forma de cuenco. Si por desgracia te cruzas con uno, inclínate para saludarlo. Son muy educados y, cuando devuelven el saludo, su cráneo se vacía y se vuelven inofensivos.

Día **345**

Goblin

Las formas redondeadas dominan este dibujo, acentuadas por las grandes orejas y los ojos saltones. No te compliques la vida con el pelo, ya que cuanto más desordenado, ¡mejor!

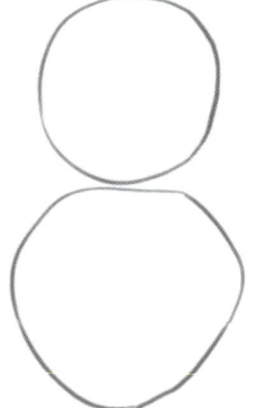

Día **346**

Duende

El gorro y la flor son elementos
característicos del duende,
pero puedes dibujarle la
vestimenta que prefieras,
siempre que sea sencilla.
Intenta limitarte a formas
redondeadas para mantener la
armonía general del personaje.

Día **347**

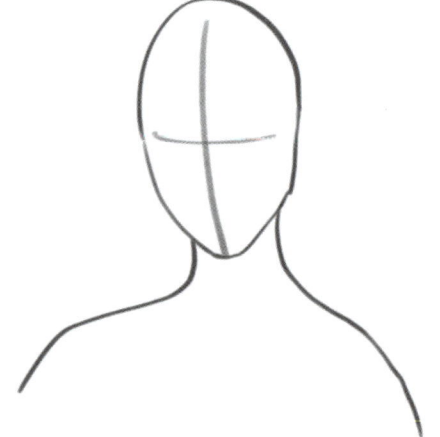

Elfo

Los elfos tienen los rasgos delicados y el cabello liso, lo que les aporta un aire mágico. Las joyas son accesorios llamativos para que el personaje resulte más interesante. ¡Deja que tu creatividad tome las riendas!

Día **348**

Enano

Te puedes inspirar en los enanos de jardín, pero como la única singularidad de un enano es que sea pequeño, ¡puedes darle el aspecto que prefieras! Añadir elementos adicionales, como una seta, permite hacerse una idea de su tamaño.

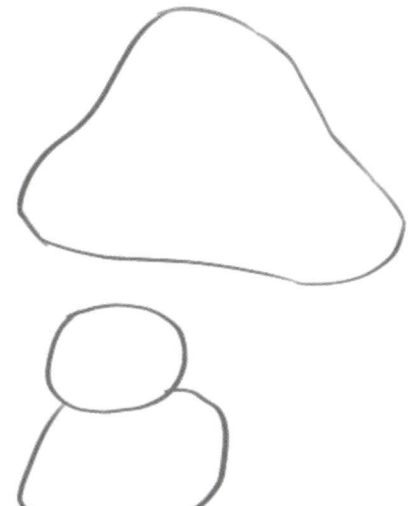

Día **349**

Hechicero

Elige el estampado que más te guste para el traje de tu hechicero. A este, las estrellas le aportan un toque divertido. Para dar volumen a la barba, emplea trazos irregulares.

Día **350**

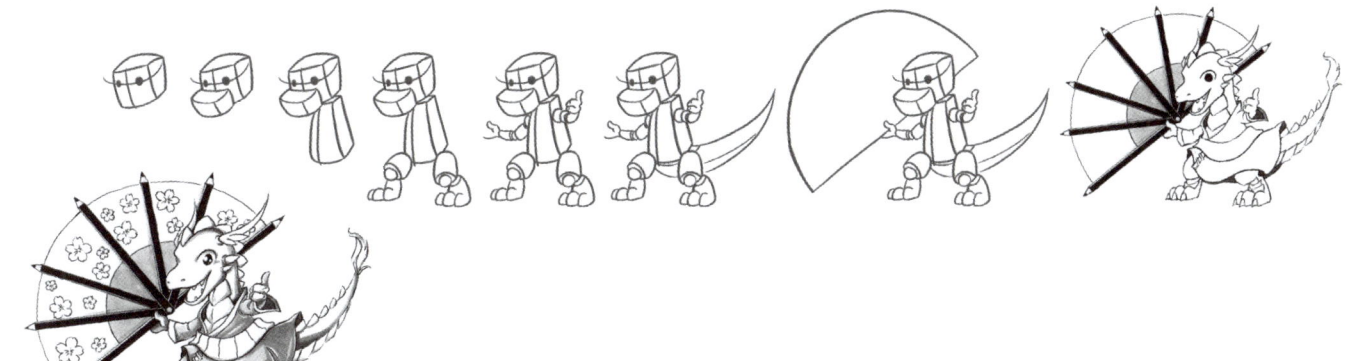

Dragón japonés

El primer paso es dibujar la cabeza y el hocico. Luego llega el turno del cuerpo, que tiene forma alargada. Las patas se dividen en tres partes: muslo, rodilla y grandes garras. A continuación, traza los brazos, que son pequeños y delgados, y una cola grande y larga. Para este dragón japonés, puedes añadir también un gran abanico con lapiceros y flores.

Día **351**

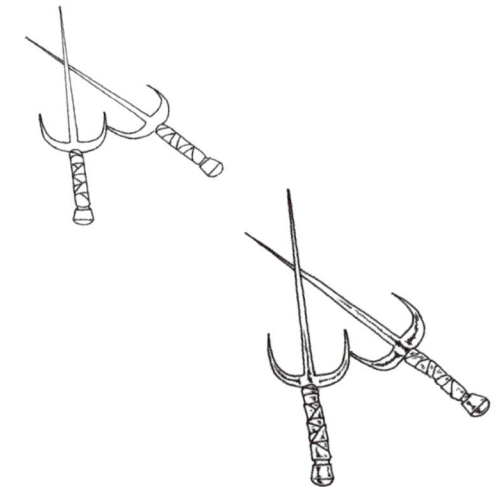

Sai

Utilizada en parejas, esta arma tiene forma de pequeño tridente o de tenedor grande. Asociada a una cinta roja y un caparazón de tortuga, te permite dar un toque increíble a cualquier personaje.

Día **352**

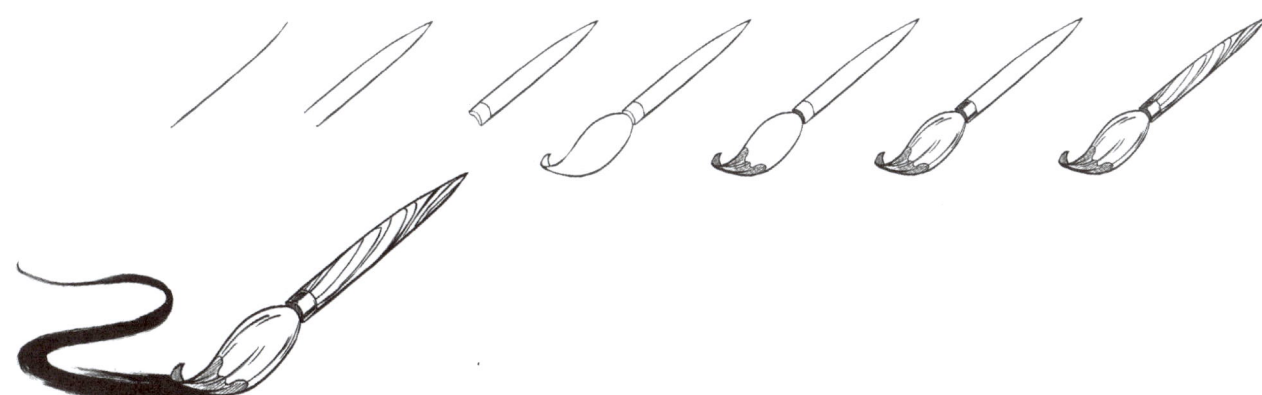

Pincel

Es un utensilio utilizado en la caligrafía, pero también en el dibujo manga. La presión sobre el pincel y la tinta china permite realizar trazos de diferentes grosores. Esta técnica aportará más volumen a los personajes.

Día **353**

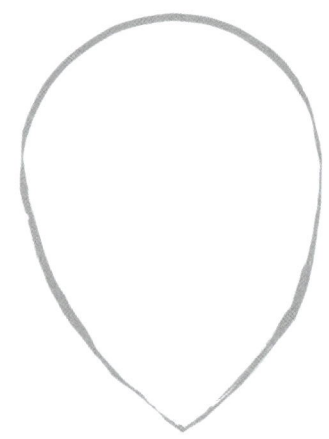

Furia

Este personaje está invadido por la furia. Basta con dibujar la cabeza para transmitir que está dispuesto a darlo todo en la batalla. Solo se distinguen los ojos y la tirita sobre la nariz, y el pelo lo lleva de punta. Los trazos verticales que cubren el rostro aportan más intensidad a la escena.

Día **354**

Calma

He aquí una mujer joven
bebiendo un té. Tiene el rostro
ligeramente ladeado y sujeta
la bebida con ambas manos.
Dibújala con un bonito jersey
y el pelo largo. Como toque
adicional, puedes añadirle unos
pendientes en forma de flor.

Día **355**

Estilo mortal

La Muerte tiene clase. Dibuja el personaje en movimiento: para ello, representa una pierna estirada hacia delante y la otra, ligeramente flexionada hacia atrás. Con una mano sujeta un paraguas para no mojarse ¡ni la peluca ni el elegante traje! La otra mano la lleva en el bolsillo.

Día **356**

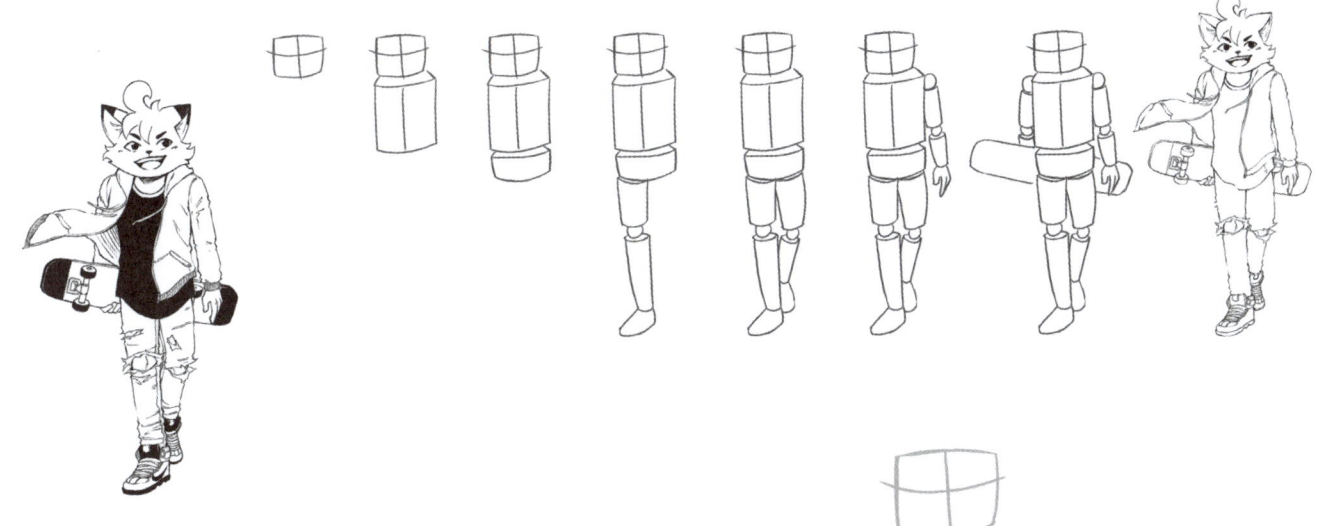

Zorro urbano

¡Este decidido zorro parece dispuesto a cumplir sus sueños! Un andar seguro y una mirada intensa le caracterizan. Es importante adaptar las expresiones y las posturas a la personalidad del personaje.

Día **357**

León moderno

El rey de la selva se muestra relajado. Para salir, elige unos vaqueros con agujeros y una chaqueta abierta. Lleva las manos en los bolsillos, la melena bien peinada y unas gafas de sol, listo para una cita romántica.

Día **358**

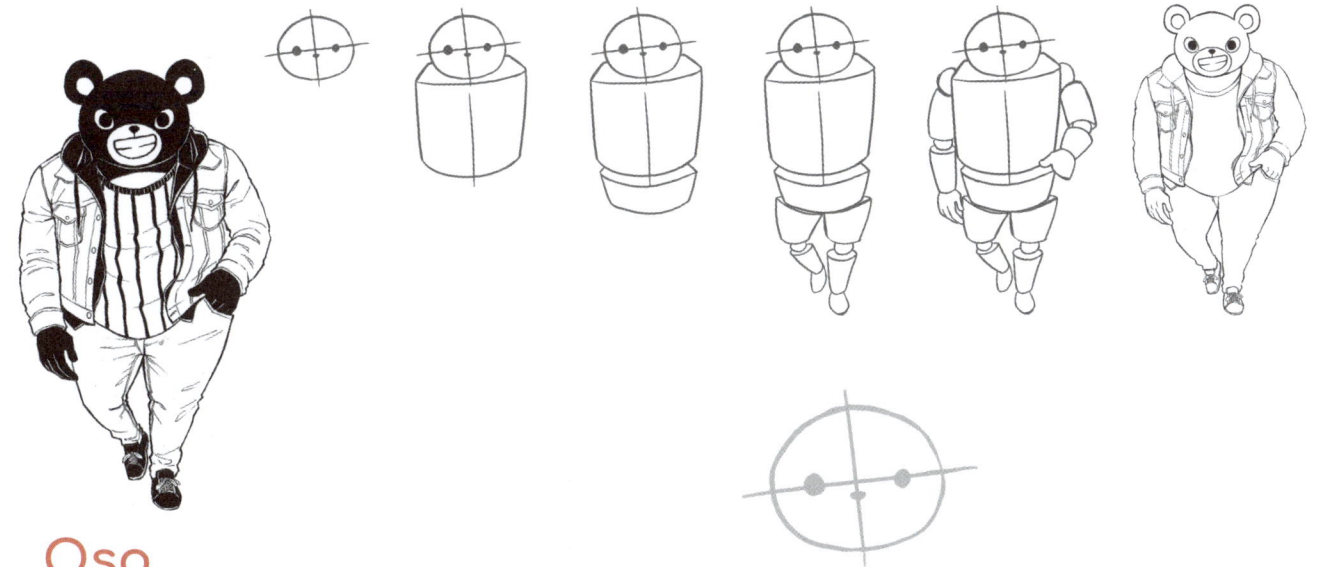

Oso

Para este oso enorme y carismático, dibuja una cabeza bien redonda y un gran torso. Las piernas son un poco cortas en relación al cuerpo. Tiene los ojos grandes, las orejas muy redondas y la boca ligeramente ladeada, lo que le da un aire de oso malote.

Día **359**

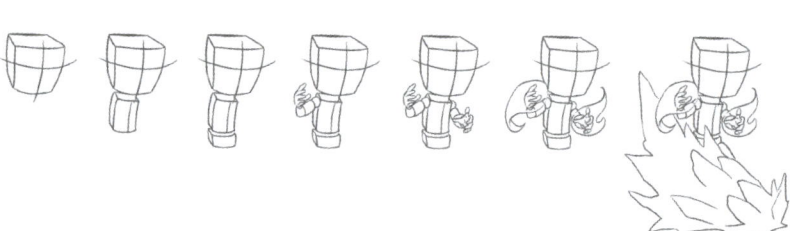

El poder del hielo

Esta muchacha demuestra su dominio del hielo. Los brazos se dirigen hacia delante y las piernas quedan ocultas por los cristales de hielo que surgen bajos sus pies. Lleva dos grandes moños y unas gafas.

Día **360**

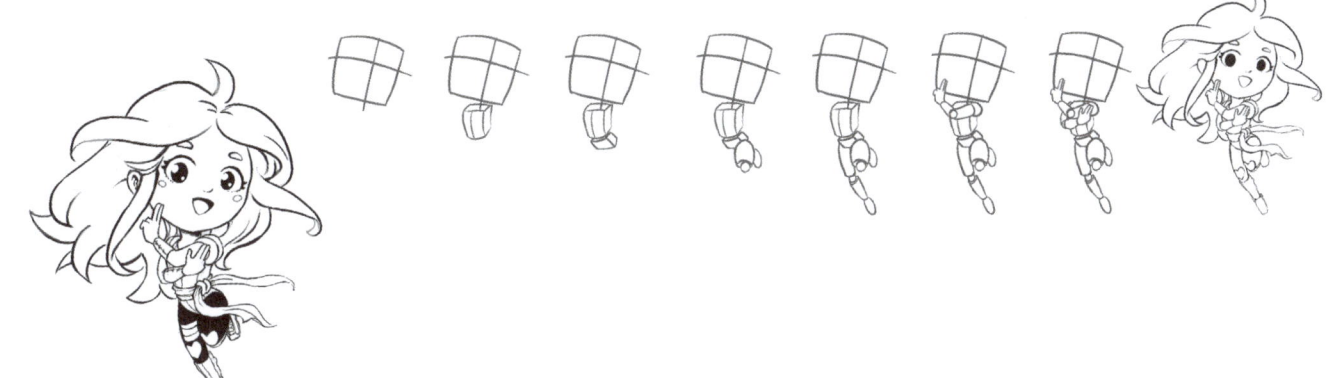

El poder
del amor

Esta muchacha, apoyada sobre la punta de un pie, toma impulso y coloca las manos para lanzar un hechizo. Con una gran sonrisa en los labios, está preparada para cautivarte con sus corazones.

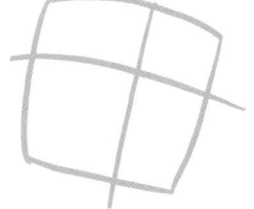

Día **361**

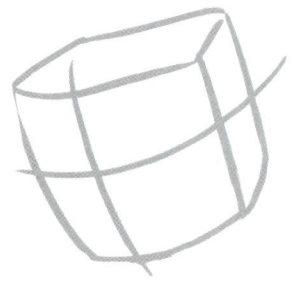

El poder de la tierra y el fuego

Este joven tiene dos poderes: controla la tierra y el fuego. Se sabe fuerte, y es que ¿quién osaría enfrentarse a él? Muestra los abdominales e impresiona a los demás con su dominio de estos dos elementos.

Día **362**

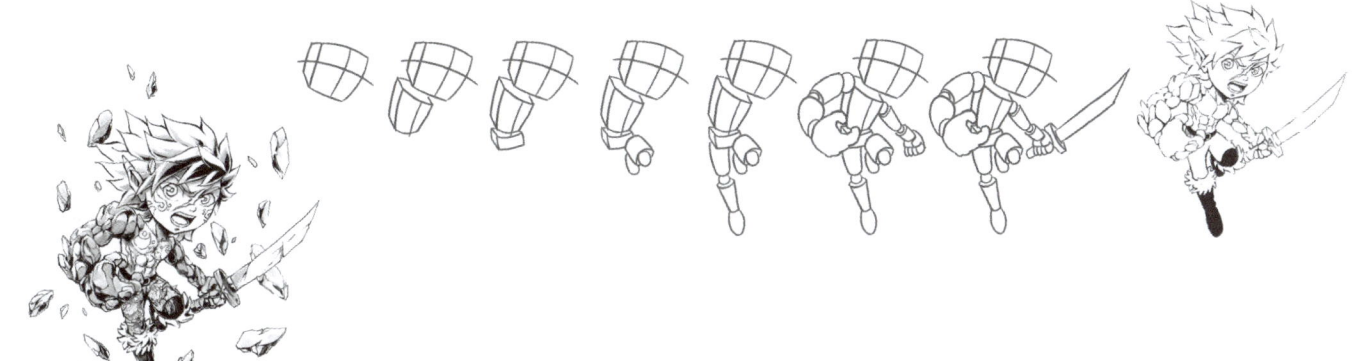

El poder
de la piedra

Sus puños de piedra no le
impiden blandir una enorme
espada. El joven luce tatuajes
por todo el cuerpo y el rostro.

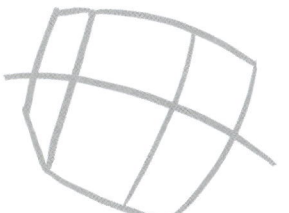

Día **363**

Pedida de matrimonio

Para una pedida de matrimonio exitosa, hay que echar rodilla a tierra y mantener la sonrisa a pesar de los nervios. Con el torso y las caderas un poco hacia delante, el joven se apoya en la rodilla que tiene en el suelo y mantiene un pie doblado. ¿Cuál será la respuesta?

Día 364

Felicidad

¡Respuesta afirmativa a
la pedida de matrimonio!
«¡Síííí! ¡Por fin!», piensa la
joven novia. Emocionada,
se cubre parte de la cara
con las manos.

Día **365**

Copyright © Mango, 2023
Dirección: Guillaume Pô
Dirección editorial: Tatiana Delesalle
Edición: Emeline Plessier, Lucie Royer
Dirección artística: Chloé Eve, Clarisse Delande y Emie Bouillé
Creación gráfico: Hugo Ribeiro
Maquetación: Loïc Audrain

De la edición en español:
Traducción: Montserrat Nieto
Revisión: Julieta Brufman
Composición y maquetación: Miguel Ángel Mazón
Coordinación de proyecto: Lakshmi Asensio
Dirección editorial: Elsa Vicente

Publicado originalmente en Francia en 2023 por Mango éditions
Título original: *365 dessins manga faciles*
Copyright © 2025 Dorling Kindersley Limited
© Traducción española: 2025 Dorling Kindersley Limited
Primera edición: 2025
ISBN. 979 8 2171 2887-7
001-351617-Jun/25
Impreso en China
www.dkespañol.com

Este libro se ha impreso con papel certificado por el Forest Stewardship
Council™ como parte del compromiso de DK por un futuro sostenible.
Para más información, visita www.dk.com/uk/information/sustainability